Russie, 1941.

APOCALYPSE

LA 2ÈME GUERRE MONDIALE

Livres de Daniel Costelle

Eva Braun, dans l'intimité d'Hitler, L'Archipel, 2007
8 mai 1945, L'Archipel, 2005
Images inconnues de l'aviation, Le Cherche Midi, 2003
Le XXe siècle raconté à Clémentine, Le Rocher, 1999
Lorsque Marie paraît, Robert Laffont, 1993
Fatima, un miracle et trois secrets, François Bourin, 1991
Une sacrée guerre ! (Pierre Clostermann), Flammarion, 1990
Ma vie pleine de trous (Alphonse Boudard), Plon, 1985
Histoire de la marine, Larousse, 1981
Histoire des Jeux olympiques, Larousse, 1980
Histoire des trains, Larousse, 1979
Histoire de l'aviation, Larousse, 1978, ouvrage couronné par l'Académie française
Les Prisonniers, Flammarion, 1974

Principales émissions et séries d'Isabelle Clarke et Daniel Costelle

Apocalypse, France 2
Lindbergh, France 3
Eva Braun, dans l'intimité d'Hitler, TF1
Eva Braun ou la banalité du mal, Histoire
La Traque des nazis, France 2
8 mai 1945, la capitulation, France 3
Sur la piste d'Alto, France 3
Les Ailes des héros, France 3
Jean-Paul II, France 3
Les Voyages de Clémentine, France 3
La Fête des mères, France 5
Les 13 vies du chat Lelouch, France 2
Guerre, censure et télévision, France 3
Sexe, censure et télévision, France 2
Les Marines dans la guerre du Golfe, France 3
Images inconnues, le vingtième siècle, France 3
Images inconnues, la guerre du Vietnam, France 3
Les Oubliés de la Libération, TF1
Christophe Colomb ou la découverte, France 2
Apparitions, long métrage

Daniel Costelle et Isabelle Clarke

APOCALYPSE

LA 2ÈME GUERRE MONDIALE

ACROPOLE

Si tu veux la paix, connais la guerre.

Gaston Bouthoul

Conception maquette et mise en page : Nord Compo

ISBN : 978-2-7357-0307-4
Numéro d'éditeur : 94

Dépôt légal : août 2009
Retrouvez-nous sur : www.editions-acropole.com

Sommaire

Épisode 1 **L'Agression** 16

Épisode 2 **L'Écrasement** 42

Épisode 3 **Le Choc** 66

Épisode 4 **L'Embrasement** 104

Épisode 5 **L'Étau** 146

Épisode 6 **L'Enfer** 182

Berlin 1945 : le premier char russe.

Introduction

Apocalypse, la 2ème guerre mondiale est une série de six émissions réalisées par Isabelle Clarke. Elle a obtenu le Grand Prix du film de patrimoine, l'Aigle d'argent au Festival international du film d'histoire et le Laurier du meilleur film documentaire. C'est peu dire que son énergie, sa rigueur, son sens du montage sont pour beaucoup dans la qualité et le succès de cette série.
Pourquoi *Apocalypse* en 2009 ? Parce que c'est le soixante-dixième anniversaire du déclenchement de la 2ème guerre mondiale : 1939-2009. France Télévisions a voulu rajeunir complètement les images avec la haute définition et la couleur et en confiant la réalisation de la série à Isabelle Clarke. J'ai écrit le commentaire et j'ai retrouvé avec émotion mes maîtres, Jean-Louis Guillaud et Henri de Turenne, qui sont à l'origine de la série *Les Grandes Batailles* (1967-1974) diffusée par toutes les télévisions du monde, y compris américaines – treize films qui restent les témoins du talent et de la force d'expression de ces deux auteurs qui ont marqué l'histoire de la télévision. *Les Grandes Batailles* sont aussi le résultat d'une recherche de documents d'archives cinématographiques, qui n'avait pas d'équivalent à l'époque et qui a servi de base à cette nouvelle série, *Apocalypse*.

Ce que nous voulons maintenant : être au-dessus de la mêlée, donner peut-être la première histoire de la guerre qui ne soit pas la victoire d'un camp sur un autre mais la défaite de tous, la défaite des principes qui font que l'homme est l'homme. Tous, nous détestons la guerre, mais nous la montrons. Avec des documents filmés provenant d'archives cinématographiques de tous les camps. Ces documents nous arrivent en noir et blanc, et nous les avons fait

Image très inhabituelle : lors d'un rassemblement de SA avant sa prise de pouvoir, Hitler exalte le côté « socialiste » du national-socialisme et lève le poing !

Avril 1945. Un half-track russe écrase un Berlinois.

passer en couleur, ce qui reste aujourd'hui un exploit technique absolument digne de la science-fiction.

Je voudrais m'expliquer sur ce qui a longtemps été appelé « colorisation », terme qui a été associé à celui de « bariolage » sur quelques longs métrages de cinéma et a donné, au début, une mauvaise presse à ce qui, à moi, m'était apparu aussitôt comme une sorte de miracle de la technique. J'ai commencé ma carrière comme assistant de metteurs en scène ; je les voyais préparer leurs films avec l'espoir de les tourner en couleur, et je les voyais, eux, les grands noms de l'époque, navrés de se voir imposer le noir et blanc, moins cher. Alors les chefs opérateurs réinventaient la fameuse « magie du noir et blanc » parce qu'ils ne pouvaient pas faire autrement. Et que dire des cameramen de guerre, pour qui le noir et blanc était une véritable amputation des informations essentielles : ce jour-là, dans ce combat-là, le ciel était d'un bleu, la terre d'un brun et le sang d'un rouge… J'en ai connu, oui, qui me montraient leurs films en me racontant cela, cette couleur qui manquait à leurs images, pas à leur souvenir. Nous avons développé un procédé de « mise en couleur », je préfère cette dénomination.

Nous nous sommes rendu compte que le plus important, dans cette mise en couleur, c'était l'historien. Le technicien peut mettre n'importe quel vert sur un uniforme : il doit en exister des centaines de nuances. Une seule est bonne. Pour chaque minute de mise en couleur électronique il faut des journées de recherches afin de définir précisément toutes les couleurs de chaque détail de l'image. Ainsi, *Apocalypse* a été « mis en couleur » avec un soin maniaque, mais avec les progrès techniques fulgurants de ces dernières années. Le résultat est saisissant. Il n'y a plus de rayures et de points blancs sur ces images, car d'autres progrès techniques nous permettent aujourd'hui de revenir à l'image telle qu'elle était sortie de la caméra du reporter de guerre, il y a bien plus d'un demi-siècle.

Quelques dates clés

1870-1871: guerre franco-prussienne. Défaite de la France, annexion de l'Alsace-Lorraine.
1914-1918: guerre franco-allemande. Dix millions de morts.
1919: signature du traité de Versailles. La France reprend l'Alsace-Lorraine et occupe la rive gauche du Rhin.
1921: Adolf Hitler à la tête du parti d'extrême droite violent et antisémite. Parti national-socialiste des travailleurs allemands (NSDAP, en abrégé nazi).
1925: publication du livre d'Hitler *Mein Kampf*, dans lequel il annonce ce qu'il va faire : détruire la France, tuer les juifs.
1933: 30 janvier, Hitler devient *légalement* chancelier d'Allemagne.
1933: 22 mars, ouverture du premier camp de concentration à Dachau, près de Munich.
1933: 26 avril, création de la Gestapo par Goering, alors ministre de l'Intérieur de Prusse.
1933: 10 mai, autodafé des livres écrits par les juifs et les opposants.
1934: 2 août, mort du président allemand Hindenburg. Hitler se proclame *Reichsführer* (chef du Reich).
1935: 16 mars, Hitler rétablit le service militaire. Violation flagrante du traité de Versailles. Le masque tombe.
1935: 15 septembre, lois raciales dites « de Nuremberg ».
1936: Jeux olympiques en Allemagne !
1936: victoire de la gauche en France : le Front populaire.
1936: début de la guerre d'Espagne.
1938: 12 mars, l'*Anschluss* - l'annexion de l'Autriche par l'Allemagne.
1938: 29 septembre, conférence de Munich. Abandon de la Tchécoslovaquie à Hitler.
1939: 23 août, signature du pacte germano-soviétique.
1939: 1er septembre, l'armée allemande envahit la Pologne.
1939: 3 septembre, la France et l'Angleterre déclarent la guerre à l'Allemagne.

Je ne peux vous cacher à quel point ces miracles – pour moi il n'y a pas d'autre mot – de l'informatique et de la technique de télévision nous bouleversent, nous qui vivons dans ce monde de l'archive de cinéma.
Un autre miracle, c'est qu'il puisse exister encore tant de documents filmés à découvrir. Je ne l'aurais jamais imaginé. Qu'après tant de temps nous puissions dire que cette série, *Apocalypse*, donne à voir un pourcentage élevé d'images inconnues, cela me renverse. Je tiens d'ailleurs à préciser que je préfère toujours le vocable « inconnu » à celui d'« inédit » ; ce n'est pas parce que nous voyons un plan pour la première fois qu'il n'a pas pu être déjà montré quelque part. Mais beaucoup de ces documents filmés qui composent *Apocalypse* (et la série ne comporte pas d'interviews, seulement des documents) sont inconnus.
Ces documents proviennent du monde entier. Les fonds d'archives ont énormément évolué. Il faut des années et des années pour cataloguer des documents filmés ; il se produit ainsi un renouvellement constant des possibilités et des situations qui nous auraient semblé impensables.
Cette recherche de documents filmés est pour moi, depuis mes débuts, une sorte de caverne d'Ali Baba, où je n'arrêterai jamais de m'extasier. J'ai fini par accepter l'inattendu comme règle. Cette passion est contagieuse et Isabelle Clarke et moi, film après film, donnons et donnerons à voir sans cesse ces « images inconnues ».
Ce livre est donc le reflet de la série. Chaque chapitre porte le titre de l'émission et en reprend le commentaire. Les photographies de ce livre sont les images arrêtées tirées des films de la série. De sorte qu'on peut dire qu'elles sont toutes inédites, puisqu'aucun photographe ne les a jamais prises.

Daniel Costelle

Curzio Malaparte, *Kaputt* (1944):
« Au cours de ma longue expérience de guerre, je m'étais rendu compte que l'Allemand n'a pas peur du tout de l'homme fort, de l'homme armé qui l'affronte avec courage et lui tient tête. L'Allemand a peur des êtres désarmés, des faibles, des malades. Ce qui pousse l'Allemand à la cruauté, aux actes les plus froidement, les plus méthodiquement, les plus scientifiquement cruels, c'est la peur des opprimés, des vieux, des femmes, des juifs. Bien qu'il s'efforce de cacher cette peur mystérieuse, il est fatalement amené à en parler. À table en particulier, où la chaleur du vin et des aliments et le besoin inconscient de se prouver à lui-même qu'il n'a pas peur poussent l'Allemand à se découvrir, à s'abandonner, à parler d'exécutions, de massacres, avec une satisfaction morbide qui révèle non seulement la rancœur, la jalousie, la haine, mais une pitoyable fureur d'abjection. La mystérieuse noblesse des opprimés, des malades, des faibles, des gens désarmés, des vieillards, des femmes, des enfants, l'Allemand la perçoit, la sent, l'envie et la redoute, peut-être plus qu'aucun peuple d'Europe. Et il en tire vengeance. Il y a une sorte d'avilissement voulu dans l'arrogance et la brutalité de l'Allemand, un profond besoin d'autodénigrement dans son impitoyable cruauté, une fureur d'abjection dans sa peur mystérieuse. »

Berlin, avril 1945.
En finir, une fois pour toutes

Les chars russes entrent dans la capitale allemande.

L'Europe est libérée de la terreur nazie.
L'armée rouge livre les derniers combats.

Le capitaine Josef Praoutov, officier russe :

« La haine était si profonde. Nous voulions terminer cette guerre. Anéantir cette force qui avait voulu nous tuer. En finir, une fois pour toutes. »

Leopold von Ranke, historien allemand du XXe siècle :

« Ce qui perd les hommes et les États, ce n'est ni l'aveuglement, ni l'ignorance. Ils ne mettent pas longtemps à découvrir où les mène la voie qu'ils ont prise. Mais il existe en eux une pulsion, favorisée par leur nature, renforcée par l'habitude, une pulsion à laquelle ils ne peuvent résister, et qui les tire vers l'avant tant qu'ils ont un reste d'énergie. Celui qui sait se faire violence est un être d'élite. La plupart voient venir leur ruine et s'y précipitent. »

L'ultime mise en scène

Les dernières prises de vue d'Hitler ont été tournées par l'un des rares cameramen encore vivants. Il a fallu trouver un pan de mur toujours debout, rendre les uniformes présentables, mettre en scène ces enfants sacrifiés alors que les obus pleuvent à cent mètres de là et que les Russes approchent…

Avril 1945, les derniers combats font rage dans Berlin.

La guerre aura fait cinquante millions de morts. Plus de victimes civiles que militaires.

Le drame des femmes allemandes se poursuivra, même quand les canons se seront tus.

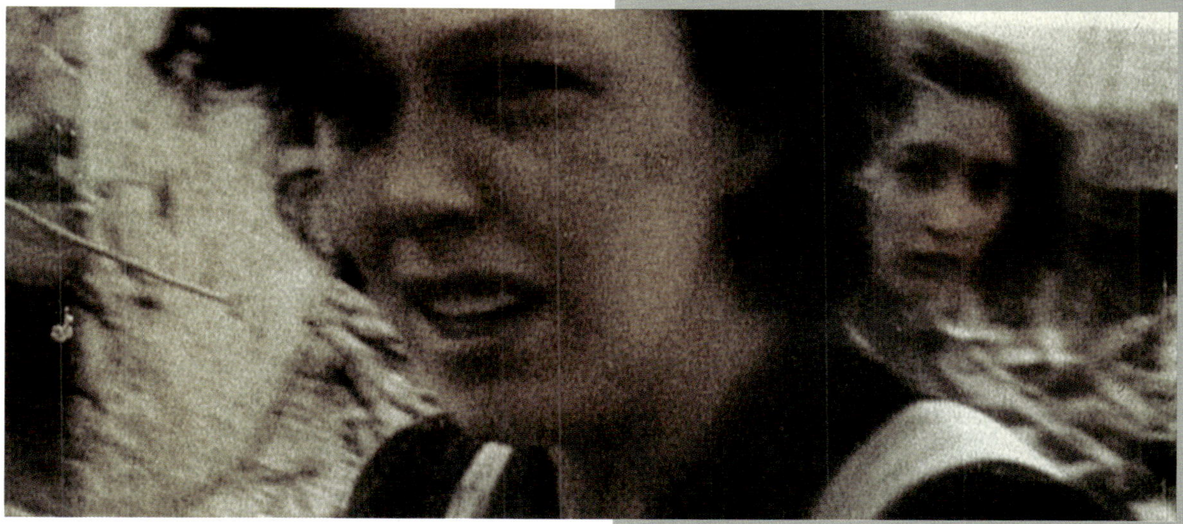

Une femme dans Berlin

Ce visage bouleversé d'une femme allemande pourrait être celui de l'auteur de *Une femme à Berlin* (Gallimard, 2006), récit d'abord anonyme puis attribué à une journaliste, Martha Hillers. Elle raconte son calvaire d'une manière à la fois éprouvante et curieusement détachée, calvaire qui fut celui de centaines de milliers de femmes violées par les Russes en 1945. Un chef-d'œuvre. ■

Le 1er septembre 1939, à l'aube, sur un terrain
d'aviation allemand proche de la frontière polonaise,
les bombardiers Heinkel 111 se préparent à décoller.

Épisode I

L'Agression

Quelques dates clés

30 janvier 1933 : accession d'Hitler au pouvoir
29 février 1936 : seconde loi de neutralité des États-Unis
12 mars 1938 : Anschluss
1er septembre 1939 : invasion de la Pologne par l'armée allemande
2 septembre 1939 : mobilisation générale en France
8 novembre 1939 : attentat contre Hitler à Munich
10-13 avril 1940 : bataille de Narvik
3 avril-15 mai 1940 : massacre de Katyn

L'accession d'Hitler au pouvoir

En 1932, l'avenue Kurfurstendam, les Champs-Élysées de Berlin, est la vitrine d'une Allemagne toujours dans la crise. Un monument rappelle les millions de morts de la guerre de 1914-1918. Marlene Dietrich chante « L'ange bleu », Thomas Mann savoure son prix Nobel de littérature. Berlin est l'une des grandes capitales de la culture européenne, l'une des villes les plus libres au monde.

Tout bascule en 1933.

Hitler et ses milices armées, les SA, qui chantent leur hymne, le *Horst Wessel Lied*, font main basse sur l'Allemagne par l'intimidation, la démagogie, l'exploitation de l'amertume des anciens combattants allemands.

Les nazis profitent de la désunion des partis de gauche. Les communistes allemands sont aux ordres de Moscou, pour qui les socialistes sont les vrais adversaires.

Hitler accède légalement au pouvoir le 30 janvier 1933. En quelques mois, il établit sa dictature. Il devient le Führer, le « chef ». Toute l'Allemagne doit crier : « *Heil Hitler !* Vive Hitler ! »

Le peuple n'est pourtant pas entièrement acquis aux idées d'Hitler, qui martèle sans arrêt des slogans nationalistes simplistes : « Devant nous se déploie l'Allemagne. Avec nous l'Allemagne se met en marche. Derrière nous l'Allemagne nous suit. » Il fait preuve d'un exceptionnel pouvoir de conviction sur les masses.

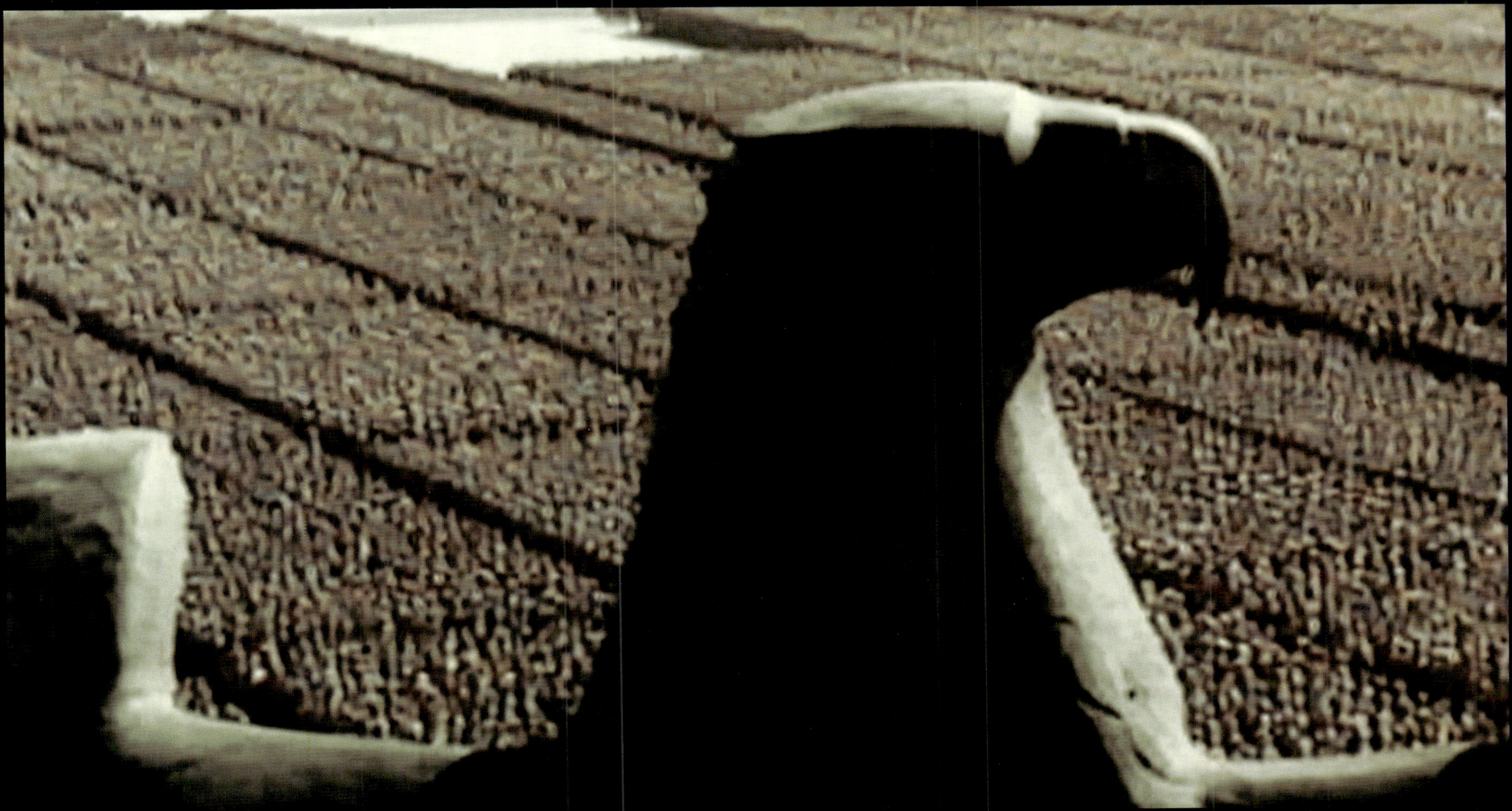

Nuremberg, 1934.

Mein Kampf

Dans son livre *Mein Kampf (Mon combat)*, Hitler a clairement exposé ce qu'il appelle ses « missions ». Comme il est l'un de ces anciens combattants aigris de 1914-1918, sa première « mission » sera de détruire la France, d'effacer l'humiliation du traité de Versailles de 1919 qui prive l'Allemagne de son armée et d'une partie de son territoire. Il veut conquérir ce qu'il appelle l'« espace vital ». L'Allemagne a quatre-vingts millions d'habitants, le double de la France. Il veut en faire la grande puissance mondiale qu'elle doit être.

Antisémite pathologique, sa « mission » est aussi d'affirmer la supériorité de la race aryenne germanique, menacée par les juifs. Pour lui, les juifs ont causé la guerre et la défaite, l'inflation, le chômage. La prochaine guerre sera une guerre contre les juifs.

Il s'est enfin donné comme mission de réunir au Reich tous ceux qui parlent allemand, en commençant par annexer son pays natal, l'Autriche, sur laquelle s'abat aussitôt la même terreur qu'en Allemagne, avec l'ouverture de l'un des pires camps de concentration, à Mauthausen, près de Linz.

Les accords de Munich

Quelle sera la prochaine victime d'Hitler? La Tchécoslovaquie voisine. La paix est menacée dans les Sudètes, où vivent des Allemands, mais que l'Angleterre et la France protègent. Le 30 septembre 1938, à Munich, a lieu la conférence de la dernière chance. Sont réunis d'un côté Adolf Hitler, qui fait de plus en plus peur, et son allié le dictateur italien Benito Mussolini, l'inventeur du fascisme, et de l'autre côté les démocraties occidentales, les vainqueurs épuisés de la Grande Guerre – le Premier ministre britannique, Chamberlain, et le président du Conseil français, Daladier. Ils veulent sauver la paix. Ils en arrivent à accepter l'inacceptable : l'abandon de la province tchèque des Sudètes à Hitler, en échange de sa « promesse solennelle » de ne plus revendiquer aucun autre territoire.

Le démantèlement de la Tchécoslovaquie

Six mois plus tard seulement, le 15 mars 1939, Hitler envahit ce qui reste de la Tchécoslovaquie et entre à Prague avec le maréchal Goering, qui offre des gâteaux aux enfants tchèques. La foule qui les entoure a été préalablement rassemblée par les services de la propagande nazie et doit manifester sa joie d'adhérer à cette doctrine.

Hermann Goering, Prague, 1939.

Benito Amilcare Mussolini (1883-1945), le « Duce »

Lors du tournage de *La Bataille d'Italie*, un historien italien avait tenu ces propos : « Au fond, Mussolini aurait très bien pu finir dans son lit comme Franco. Son régime était, sinon supportable, du moins supporté, et s'il n'avait pas accumulé les erreurs... » Mussolini a fait tellement d'erreurs qu'il a fini par gêner Hitler, et même, dans le cas de Stalingrad, par contribuer à sa défaite. C'est sans doute ce qu'il a fait de mieux. Ce qu'il a fait de pire, c'est d'entraîner l'Italie dans une guerre contre la France, l'Angleterre et l'Amérique. Les Italiens l'ont pendu par les pieds. ■

Arthur Neville Chamberlain (1869-1940)

Premier ministre conservateur du Royaume-Uni de 1937 à 1940, Chamberlain représente pour l'Histoire, avec Daladier, l'esprit de Munich, le renoncement face à Hitler. Il meurt d'un cancer en 1940, ouvrant *in extremis* la voie à Churchill, et celle de la victoire sur le nazisme. ■

Édouard Daladier (1884-1970)

Homme politique français, président du Conseil des ministres (radical-socialiste) au moment des accords de Munich (1938), il appose sa signature à contrecœur, poussé par Chamberlain, et revient à Paris, certain d'être sifflé par la foule. Mais il est applaudi, ce qui lui vaut la phrase célèbre : «Ah, les cons!» Détesté par les gens de Vichy, il est incarcéré de 1940 à 1943, puis déporté par les Allemands. Il retrouvera une carrière politique après la guerre. ■

Hitler explique le pacte germano-soviétique à ses proches, dont Himmler, en août 1939.

L'URSS

L'Union des républiques socialistes soviétiques (URSS), tel est le nom de la Russie communiste. Pour dissuader Hitler, elle est le dernier recours. Elle est liée à la France par un traité d'assistance mutuelle. Sur la place Rouge, la manipulation des foules masque la dictature de Staline, qui a fait jeter des millions de malheureux dans ses camps, «l'archipel du Goulag»... L'industrialisation, la militarisation à marche forcée ont fait de l'URSS une grande puissance. Malgré leur crainte du communisme, les démocraties comptent sur l'URSS.

L'alliance d'Hitler avec Staline

Mais Hitler va prendre Français et Britanniques de vitesse. À l'été 1939, dans son chalet de Berchtesgaden, il prépare une parade avec son ministre des Affaires étrangères, Ribbentrop. Hitler avait juré de détruire le communisme, mais il envoie Ribbentrop le nazi à Moscou, pour conclure un traité historique avec ses pires ennemis. Il lui faut fournir quelques explications aux dignitaires nazis, choqués par l'alliance avec Staline.

Hitler affirme aux chefs des SS et de la Gestapo, Heydrich et Himmler, à son proche collaborateur Bormann, à quelques intimes, que cette alliance provisoire lui laisse les mains libres pour reprendre son expansion, cette fois vers la Pologne.

Les communistes sont bouleversés. Pourquoi ce pacte de non-agression ? Les Soviétiques répondront : « Staline a voulu gagner du temps, laisser Hitler et les démocraties s'entretuer. »
Staline avait aussi l'illusion qu'il pouvait durablement partager l'Europe avec Hitler, en s'appropriant une partie de la Pologne et les pays Baltes.
Pour le monde entier, le pacte germano-soviétique est le signal de la guerre. Le gouvernement américain rapatrie ses ressortissants à bord du paquebot français *Normandie*...
Normandie... symbole d'une époque qui va disparaître. Ce magnifique transatlantique représentait l'apogée d'un style, d'une douceur de vivre, du progrès et de la paix.
Le Congrès des Etats-Unis avait voté en 1936 la loi de neutralité pour ne plus se retrouver dans une guerre européenne.

Joseph Djougachvili, dit Staline (l'Homme d'acier), dictateur russe d'origine géorgienne (1879-1953)

Tout a été dit, et bien dit, par Boris Souvarine, Arthur Koestler, Alexandre Soljenitsyne, Alain Besançon, Alexandre Zinoviev, Michel Heller. À lire ces auteurs ainsi que *Le Livre noir du communisme*, Staline est sans doute responsable de plus de morts russes qu'Hitler, mais il a tellement pesé dans la victoire finale qu'il reste l'une des grandes figures du conflit. Même si, le 23 août 1939, il a permis qu'il se déclenche. Même si ses livraisons de pétrole et autres métaux stratégiques ont favorisé la victoire d'Hitler sur la France. C'était un fou sanguinaire, ce qui lui a permis de vaincre un autre fou sanguinaire. ■

***Normandie*, quatre-vingt mille tonnes, deux mille passagers, le plus beau paquebot jamais construit, mis en service en 1935, incendié dans le port de New York en 1942.**

Le premier coup de canon de la 2ème guerre mondiale est tiré sur Dantzig.

1er septembre 1939 : Hitler envahit la Pologne

Hitler, n'ayant pas plus d'inquiétudes du côté américain que du côté russe, décide de mettre fin à ce qu'il appelle la pire monstruosité du traité de Versailles : le couloir de Dantzig. Il fixe la récupération de Dantzig et l'invasion de la Pologne au 1er septembre à 5 h 35.

Hitler est confiant : les Anglais et les Français ne bougeront pas. Mais les deux gouvernements se réunissent aussitôt et adressent un ultimatum à Hitler, lui intimant d'arrêter toute action militaire contre la Pologne.
Hitler déclare : « Ce sont des vermisseaux, ils sont incapables de prendre une vraie décision. » Il ajoute : « Qui voudrait s'embourber dans une guerre mondiale pour Dantzig ? »

3 septembre 1939 : le Royaume-Uni et la France déclarent la guerre à l'Allemagne

Le 3 septembre 1939 à 11 heures, l'ambassadeur du Royaume-Uni à Berlin apporte la déclaration de guerre. À 17 heures, la France déclare la guerre à l'Allemagne. Hitler est choqué.
Son interprète, Schmitt, écrit : « Il était comme pétrifié, le regard perdu au loin. » Le général Jodl constate : « Pour la première fois, l'instinct du Führer s'est trompé. » Les généraux allemands sont en face du scénario qu'ils redoutaient le plus. La guerre sur deux fronts. Mais les dés sont jetés. Hitler lance la Wehrmacht, la force armée de l'Allemagne, sur la Pologne.

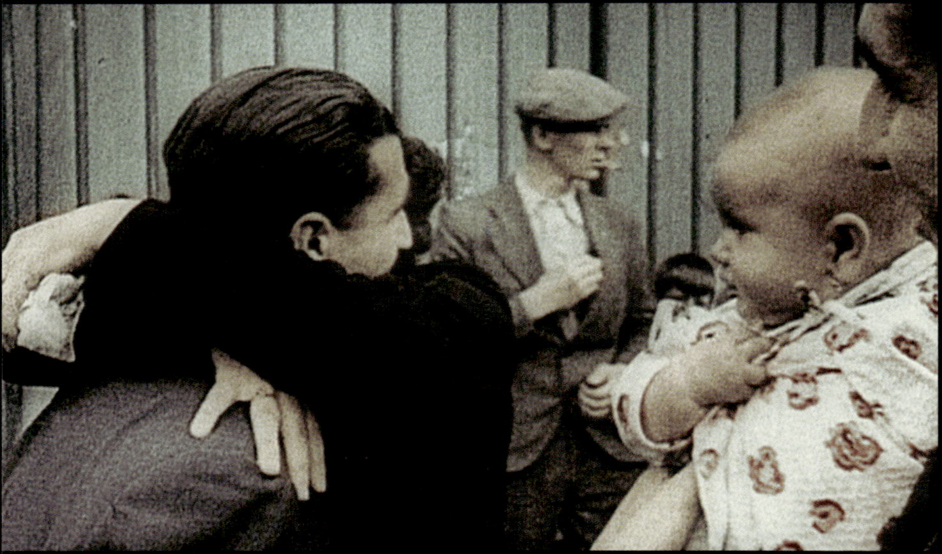

Paris, gare de l'Est, 3 septembre 1939

Même les grandes vedettes sont mobilisées, comme Fernandel.

Beaucoup de ces hommes étaient déjà partis de ces mêmes quais, vingt-cinq ans plus tôt, dans un tout autre climat de passion et d'agressivité. En août 1914, ils étaient montés dans le train « la fleur au fusil », mais aujourd'hui il n'y a ni fleur ni fusil. Personne n'a envie de la faire, cette nouvelle guerre, pas même le gouvernement, qui a bien été obligé de gesticuler, mais sans conviction. La France mobilise quatre millions d'hommes. La plupart sont des paysans : le pays est encore très agricole. Ils montent vers la frontière allemande, à pied, suivis de leurs officiers, à cheval. À cette époque,

Gaston Cirech, originaire de Moissac dans le Tarn-et-Garonne, chauffeur de deuxième classe d'un camion antique, déclare : « Il fallait vraiment qu'on manque de matériel de guerre ! On avait un fusil pour deux, par camion. On avait une boîte de dix cartouches qu'on n'avait pas le droit d'ouvrir. Quelle misère, parce que si on avait eu de quoi se battre, on se serait battus, on n'est pas du genre à aimer les Boches ! »

Les « Boches »

Les « Boches », tel est le surnom péjoratif donné aux soldats allemands depuis les guerres précédentes, quand on ne les appelait pas « les Chleus, les Fritz, les Frisés, les Fridolins, les Vert-de-Gris », en référence à la teinte de leur uniforme *feldgrau*, « gris-vert », qui leur permettait de se fondre dans la nature. Ils seront aussi surnommés les Doryphores, insectes parasites qui grouillent sur les pommes de terre.

L'offensive de la Sarre (1939) et son butin : des vélos.

Un jeune Allemand, August von Kageneck, écrit : « Je pensais que le meilleur choix était dans la carrière militaire. Mes parents m'encourageaient. Mon père me disait : "Là, au moins, tu peux encore ouvrir ta gueule et dire ce que tu veux, et tu n'as pas à faire le salut hitlérien." » En septembre 1939, August von Kageneck est encore à l'entraînement, pour devenir officier de chars. « Mon père, qui était général, me disait : "Les Français ont quarante divisions à la frontière et nous, quinze divisions. Le reste est en Pologne. Cinq cent mille hommes contre deux cent mille. Ils sont deux fois plus forts que nous." »

Les « Boches ».

L'offensive de la Sarre

Les Français, confiants, attaquent le 7 septembre 1939, quatre jours après la déclaration de guerre. Cette offensive, organisée pour montrer à l'opinion que la Pologne n'est pas abandonnée, s'enfonce de huit kilomètres en Sarre. Le Service cinéma de l'armée française célèbre le butin : des vélos. L'offensive de la Sarre ne va pas plus loin et se transforme en une série

Maurice Gamelin (1872-1958)

Général français, commandant en chef des forces alliées en 1939-1940. Intellectuel fin et cultivé, remarquable organisateur, il a contribué à la victoire de la Marne et à l'arrêt miraculeux de l'offensive allemande de 1918. Il a écrit une *Étude philosophique sur l'art de la guerre.* Handicapé par une syphilis en phase terminale, il accumule les contresens qui vont aboutir au désastre, en particulier celui de ne pas avoir, dès septembre 1939, attaqué violemment l'Allemagne, quasiment désarmée sur sa frontière avec la France. Vieilli, malade, désemparé, il sera déporté en Allemagne. Il est resté le symbole de la défaite de 1940. ■

Joseph Darnand (1897-1945)

Comme beaucoup d'anciens combattants de 1914-1918, cet homme politique français milite à l'extrême droite puis devient en 1939-1940 le héros des corps francs avant de devenir l'un des pires collaborateurs, le chef de la sinistre Milice, le responsable de la police et de la chasse aux Résistants. Il devient SS et finit fusillé. ■

d'escarmouches : des incursions de commandos de choc, les corps francs, dont le héros, Joseph Darnand, est nommé « Premier soldat de France ». Il deviendra l'un des plus féroces collaborateurs des Allemands et finira fusillé.
L'armée française, malgré ses héros et sa supériorité numérique, ne bougera plus. Son chef, Maurice Gamelin, soixante-sept ans, a le titre de « généralissime », ce qui signifie qu'il commande les forces alliées françaises et britanniques.
Car les Français sont plus nombreux que les Anglais, qui eux aussi pensent que cette guerre n'en est pas une, et que tout s'arrangera un jour. Gamelin, lui non plus, ne veut pas recommencer la guerre de 1914. Il veut à tout prix éviter une nouvelle hécatombe. Il estime qu'il lui faut deux ans pour achever le réarmement, à l'abri de la ligne Maginot.

Le général Gamelin distribue des cigarettes.

La ligne Maginot

Cette ligne de défense porte le nom d'André Maginot, un ministre qui a laissé ce souvenir : un ensemble de fortifications destinées à arrêter, pour toujours, l'ennemi allemand. Il a fallu seize ans de travaux, un million et demi de mètres cubes de béton, cent cinquante mille

tonnes d'acier. Ces tourelles d'artilleries, reliées entre elles par un dédale de tunnels dans lesquels deux cent mille hommes sont immobilisés, couvrent cinq cents kilomètres, de la frontière suisse au Luxembourg.

Au bout de la ligne Maginot, la forêt accidentée des Ardennes. L'état major français la juge infranchissable par les chars. La ligne Maginot n'a pas été prolongée jusqu'à la mer, car la Belgique était une alliée de la France, avant de se proclamer neutre. Cette partie du front est tenue par une armée française et le corps expéditionnaire britannique, qui s'étoffe avec des Canadiens et des contingents de l'Empire. Leur chanson favorite : « Nous irons pendre notre linge sur la ligne Siegfried. » La ligne Siegfried a été construite par Hitler en face de la ligne Maginot.

Arrivée triomphante du corps expéditionnaire britannique.

Les Canadiens.

L'évacuation des Alsaciens et des Lorrains

Les Allemands n'attaquent pas, toujours pour éviter de se battre sur deux fronts. Mais par mesure de précaution, la France décide d'évacuer les Alsaciens et les Lorrains vers le Périgord ou les Charentes.
Quel destin pour ces hommes et ces femmes ballottés de guerre en guerre, changeant à chaque fois de nation ! Tout a été emporté, jusqu'à l'âme... surtout celle des synagogues.

Le bombardement de Varsovie

Le 20 septembre 1939, Hitler ordonne le bombardement de Varsovie, encerclée, qui résiste encore. Il veut terroriser non seulement les Polonais, mais aussi les Français et les Anglais : « Voilà ce qui vous attend. »

Hitler entend le sifflement caractéristique du Stuka, le bombardier en piqué de la Luftwaffe...

Franklin Delano Roosevelt (1882-1945)

Le seul président des États-Unis élu pour quatre mandats successifs. Neveu du président Theodore Roosevelt, l'un des responsables de la Marine pendant la Première Guerre mondiale (c'est à ce titre qu'il rencontre pour la première fois son homologue britannique, Winston Churchill), il est paralysé à la suite, non pas de la poliomyélite, mais du syndrome de Guillain-Barré. Il va jouer un rôle essentiel dans le soutien aux démocraties occidentales contre le fascisme. C'est grâce à lui que l'Angleterre va pouvoir tenir, c'est grâce à lui que le monde finira par se débarrasser d'un danger mortel. En 1939, il se débat dans un climat de passion isolationniste entretenu par son ennemi personnel, le célèbre aviateur Charles Lindbergh. ■

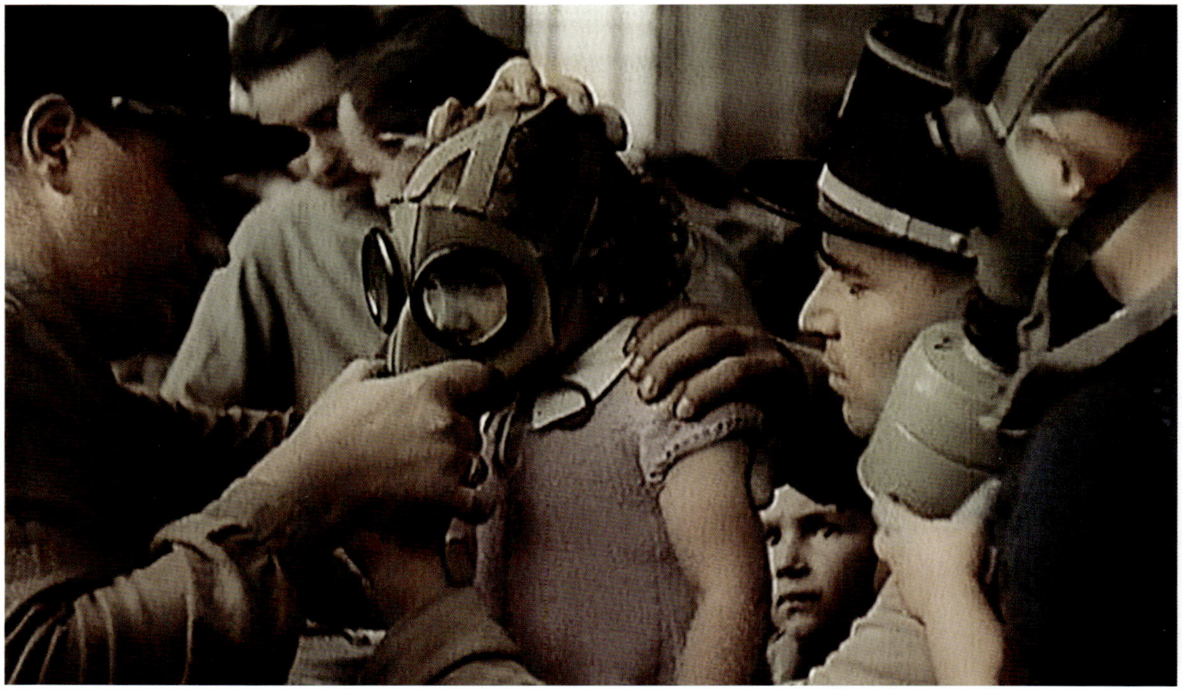

Le monde est horrifié

Le président des États-Unis, Franklin Roosevelt, s'adresse à la nation : « Notre pays restera neutre, mais je ne peux pas demander à chaque Américain, même s'il veut aussi rester neutre, de ne pas tenir compte des faits, ni de fermer son esprit et sa conscience. »

Le bombardement de Varsovie a montré à quel point les villes sont vulnérables. Paris entreprend de protéger ses monuments et de cacher en province les chefs-d'œuvre de ses musées. Des abris sont creusés au Champ-de-Mars et les exercices d'alerte sont fréquents.

Les masques à gaz deviennent obligatoires. Les gaz de combat avaient été utilisés en 1914-1918 et tout le monde en a peur.

L'invasion germano-soviétique

Pendant ce temps, la malheureuse Pologne est dépecée. Comme convenu avec Hitler, les Russes ont envahi la moitié du pays. Image incroyable que ces soldats soviétiques et allemands qui fraternisent...
Les nazis distribuent des tracts ainsi rédigés : « L'armée allemande salue l'armée rouge des ouvriers et des paysans pour laquelle elle a toujours eu un profond respect. »
L'armée polonaise s'est rendue aux Allemands, et à l'Est aux Soviétiques. Staline ordonne alors l'exécution de vingt mille prisonniers polonais. Il veut supprimer les élites d'un pays qu'il entend annexer. Quatre mille cinq cents officiers polonais sont tués d'une balle dans la nuque dans la forêt de Katyn, près de Smolensk, en Russie.
En décembre 1941, Staline reçoit au Kremlin le chef des Polonais en exil, le général Sikorski, qui lui fait remettre une liste des officiers polonais disparus. Staline feint l'étonnement. Il promet de faire des recherches... et fait assassiner le général Sikorski. En fait, Staline, en occupant la moitié de la Pologne, a servi les plans d'Hitler, qui a besoin d'une frontière commune avec l'URSS pour faciliter son projet d'invasion de la Russie.
À partir d'octobre 1939, Hitler et Himmler, le chef des SS, vont « s'occuper » de la Pologne en nommant un « gouverneur général des provinces polonaises occupées », le nazi Hans Frank, qui proclame : « J'ai le droit de vie et de mort sur le peuple polonais. » Il sera pendu après la guerre au procès de Nuremberg pour crime contre l'humanité.

Officiers polonais prisonniers.

Forêt de Katyn.

Les Polonais en exil remettent à Staline la liste des officiers disparus.

Officiers soviétiques et allemands se serrent la main.

Les tziganes.

Convois de la mort.

Le ghetto.

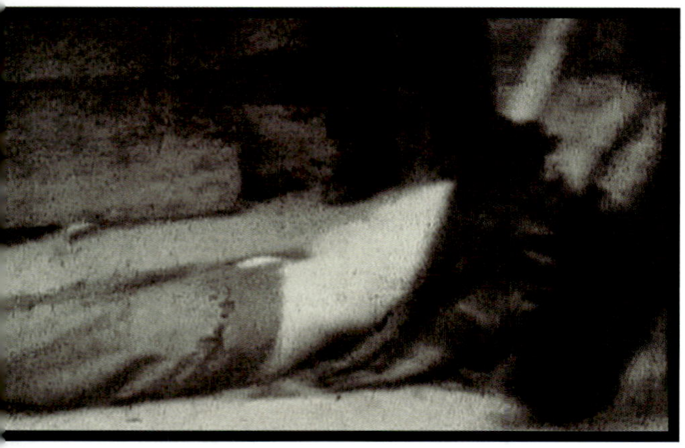

Les tziganes

Un Allemand filme un enclos où sont rassemblés des tziganes. Pour les nazis, ce sont des « non-personnes ». Les femmes sont stérilisées de force, parce qu'elles ne méritent pas de se reproduire. Et les nazis entreprennent la « chasse au gibier tzigane ». Par centaines de milliers, ils seront dirigés vers les camps.

Les ghettos polonais

Le calvaire des juifs commence. Les nazis tiennent maintenant entre leurs griffes trois millions de juifs polonais. Hitler se pose encore, à ce moment-là, des questions sur leur sort. Tant que la guerre lui est favorable, il envisage de les déporter dans un territoire à l'Est, ou même de les envoyer à Madagascar. Ce n'est que lorsque l'issue de la guerre deviendra incertaine qu'Hitler et ses complices se déchaîneront dans la haine et dans le meurtre. Ce sera la « solution finale ».

Pour le moment, les juifs doivent porter l'étoile jaune. Puis ils sont enfermés dans des ghettos, parfois entourés de murs. L'un de ces malheureux écrit dans son journal : « Nos cœurs se déchirent quand nous assistons aux honteuses scènes de violence qui se déroulent sous nos yeux : des femmes, des vieillards sont battus au milieu des rues par des petits bandits. Les larmes me montent aux yeux. Toute notre impuissance, tout notre isolement se voit dans ces rues où personne ne prend notre parti. Nous sommes si faibles. »

Toutes les grandes villes de Pologne auront leur ghetto prison, où seront regroupés aussi les juifs allemands, autrichiens et tchèques. Les juifs semblent encore confiants, tranquilles. Peut-être un jour retrouveront-ils leur maison…

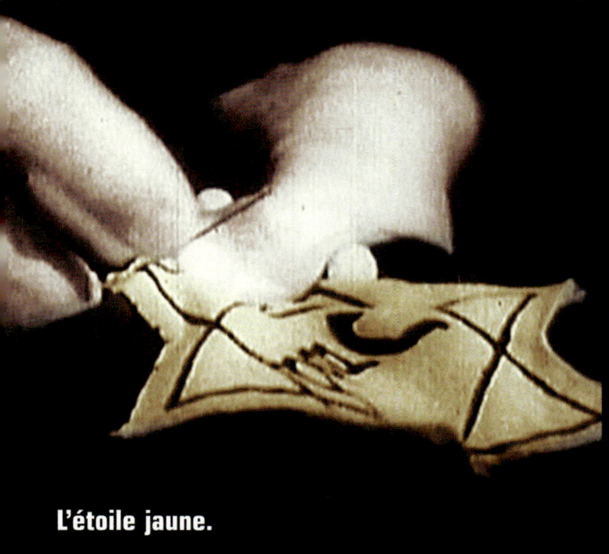

L'étoile jaune.

Les juifs sont embarqués.

Ghetto de Lodz.

Ils ne savent pas qu'ils vont mourir de faim et de froid. Ils ne savent pas que la Shoah va commencer.

La « drôle de guerre »

Dans Varsovie en ruine, Hitler est venu se faire filmer. Ces images de conquérant masquent une profonde préoccupation. Les fiers soldats allemands ont beau défiler au pas de l'oie, au son martial de la *Marche des grenadiers*, ils n'ont pas été si brillants en Pologne. Impréparation, manque de combativité, et même des cas d'indiscipline, voilà ce qu'ose exposer au Führer le commandant en chef, le général von Brauchitsh.

Hitler est furieux, mais il ne laisse aucune place au doute et ordonne de préparer l'attaque à l'Ouest, contre les Pays-Bas, la Belgique et la France. Une folie, disent les généraux. Certains complotent désormais pour le renverser.

C'est un moment crucial, où l'histoire peut basculer. Le 8 novembre 1939, à Munich, Hitler échappe à une bombe. Il semble protégé par la Providence.

La guerre entre alors dans une phase inédite. Pour les Allemands, elle devient la *Sitzkrieg*, la « guerre assise ». Pour les Anglais la *Phoney War*, la « fausse guerre ». Pour les Français la « drôle de guerre ».

Hitler à Varsovie.

Comme lors de la guerre précédente, les soldats s'enterrent, s'organisent comme ils peuvent. Heureux sont ceux qui ont de la paille pour dormir.

Un Français veille sur le Rhin.

L'hiver 1939-1940 est l'un des plus froids du

L'année 1940

Le « généralissime » Gamelin s'attend à une action allemande par la Belgique, comme en 1914, par cette plaine ouverte vers Paris. Il prévoit donc d'affronter les Allemands sur le sol belge.
En France, un officier de chars déjà remarqué, le colonel de Gaulle, critique cette stratégie qu'il appelle « l'esprit de la ligne Maginot [...] qui consiste à attendre que les autres fassent quelque chose ».
Churchill est devenu l'homme fort du gouvernement britannique. « Il faut passer à l'offensive », martèle-t-il à Gamelin venu à Londres.
Un corps expéditionnaire franco-britannique est formé pour venir d'abord en aide à la Finlande attaquée par l'Union soviétique. Mais la Finlande, après une résistance héroïque, fait la paix avec la Russie. En même temps, Hitler conquiert en quelques jours le Danemark et la Norvège. La France envoie en Norvège ses soldats d'élite.

Gamelin et Churchill à Londres en 1940.

Sir Winston Leonard Churchill (1874-1965), duc de Malborough

Premier ministre britannique de 1940 à 1945 puis de 1951 à 1955. Prix Nobel de littérature en 1953. Entré en politique en 1900, il se rend célèbre pendant la guerre des Boers (1902). Il est l'un des responsables du désastre des Dardanelles et de Gallipoli en 1915-1916, mais se rachète à la guerre suivante en incarnant, à lui seul, la résistance à Hitler dans les plus sombres moments de la guerre. ■

Un sapeur de la Légion étrangère, avec sa barbe traditionnelle.

« La route du fer est coupée »

Cinquante pour cent des approvisionnements en minerai de fer, indispensable à l'industrie de guerre allemande, vient par bateau de Suède, pays pourtant neutre, et transite par le port norvégien de Narvik. Le corps expéditionnaire franco-britannique débarque dans le fjord de Narvik. Après un mois de combats qui font près de cinq mille tués et blessés, Narvik est prise.

Les Alliés peuvent proclamer que « la route du fer est coupée ». Le moral des Français est regonflé. « Nous vaincrons parce que nous sommes les plus forts », tel est le nouveau slogan français. Mais le corps expéditionnaire va devoir abandonner Narvik. Et les wagons de minerai de fer suédois continueront, pendant toute la guerre, à alimenter l'industrie d'armement allemande. L'Allemagne vient d'attaquer.

La France commence à combler son retard dans l'aviation, en construisant de plus en plus de bons avions, comme ici les bombardiers LeO 45. Malgré la très réelle campagne de sabotage des communistes, ceux-ci obéissent à Moscou qui fait tout pour aider son allié nazi.

« L'offensive vient de commencer »

Le 9 mai 1940, Hitler quitte Berlin à bord de son train spécial baptisé *Amerika*.
Direction la Norvège. Mais, au milieu du trajet, changement. Le train roule vers son nouveau quartier général près de la frontière française. Hitler dit à ses généraux : « Messieurs, l'offensive vient de commencer. »
Son plan n'est plus le même que celui de 1914, l'attaque par la Belgique. Hitler poursuit : « Il faut faire croire à cette attaque par la Belgique, à qui les Alliés porteront secours : c'est un piège ! Nous nous lancerons à travers les Ardennes, nous obliquerons vers la mer. Ce sera un coup de faucille qui les encerclera. »

Narvik 1940, une victoire alliée sans lendemain.

10 mai 1940 : Hitler envahit la Belgique

En fait, ce coup de faucille est encore un coup de poker, parce que les Alliés pourraient se retourner et briser l'attaque. Mais le Führer a confiance : « Le plus important, c'est qu'il fasse beau. » Le 10 mai 1940, à l'aube, les parachutistes allemands sautent sur la Hollande. Ils ont pour mission de prendre les terrains d'aviation et les ponts autour de Rotterdam.
Au même moment, Hitler lance sa machine de guerre sur la Belgique.

Il attend.
Les Alliés vont-ils tomber dans le piège ?

Albert Lebrun, président de la République française, s'entretient avec le colonel de Gaulle, qui tente par tous les moyens de se faire entendre.

Charles de Gaulle (1890-1970)

Le général de Gaulle est la figure incontournable de la Deuxième Guerre mondiale – ici en uniforme de l'arme blindée. En 1939, il commande le 507ᵉ régiment de chars de combats, à Metz. Il a écrit des livres comme *Vers l'armée de métier* (1934). Ses idées sur le mouvement des unités blindées ont influencé des généraux allemands comme Guderian ou des penseurs militaires comme le Britannique Liddell Hart. Ce n'est pas le cas de Pétain ni de Gamelin, dont la stratégie relève de ce que de Gaulle appelle l'« esprit de la ligne Maginot ». ■

Le bombardier en piqué allemand, le Stuka,

Épisode 2

L'Écrasement

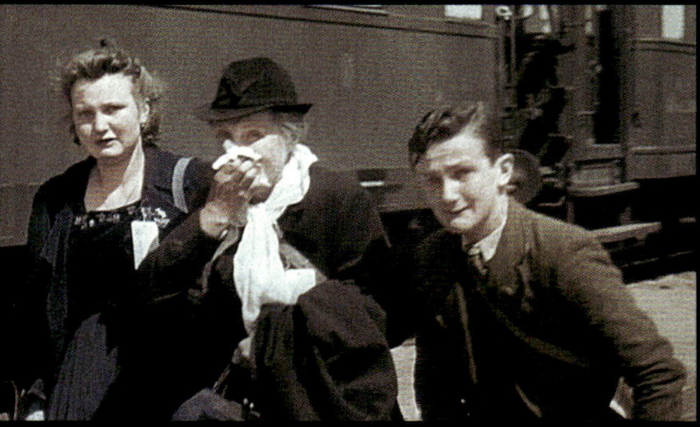

9 mai 1940

Une petite école des Ardennes. Jusque-là tout a été tranquille. La maîtresse dit : « Aujourd'hui, je vais vous apprendre une jolie chanson, pour que la paix revienne : *Ainsi font, font, font, les petites marionnettes.* »
C'est la dernière classe.

Quelques dates clés

10 mai 1940 : prise du fort d'Eben-Emael
13-14 mai 1940 : surprise dite « de Sedan »
28 mai 1940 : capitulation de la Belgique
27 mai-4 juin 1940 : embarquement à Dunkerque de l'armée de terre britannique puis des Français ayant échappé à l'encerclement
10 juin 1940 : le gouvernement français quitte Paris pour Bordeaux, il s'y installe le 14 juin
14 juin 1940 : les Allemands entrent dans Paris
22 juin 1940 : armistice
2 juillet 1940 : le gouvernement français s'installe à Vichy
3 juillet 1940 : Mers El Kebir
10 juillet 1940 : début de la bataille d'Angleterre

10 mai 1940. 5h35

L'offensive allemande se déchaîne. La Wehrmacht entre en Belgique. Le piège d'Hitler se referme. Il fait croire que les Allemands recommencent leur attaque de 1914 à travers la Belgique neutre. Les Alliés se lancent au secours de la Belgique, avec les meilleures divisions motorisées françaises, le fer de lance de l'armée, et tout le corps expéditionnaire britannique.
Hitler, dans son quartier général, est au comble de l'exaltation. Son piège a fonctionné. Il dit : «J'en pleurerais de joie.» Et il attaque les Alliés à revers. Sa véritable offensive se déroule dans les Ardennes. L'état-major français avait décrété : «Ce massif forestier accidenté ne peut en aucun cas permettre à des chars de passer.» Mais rien ne les arrête.

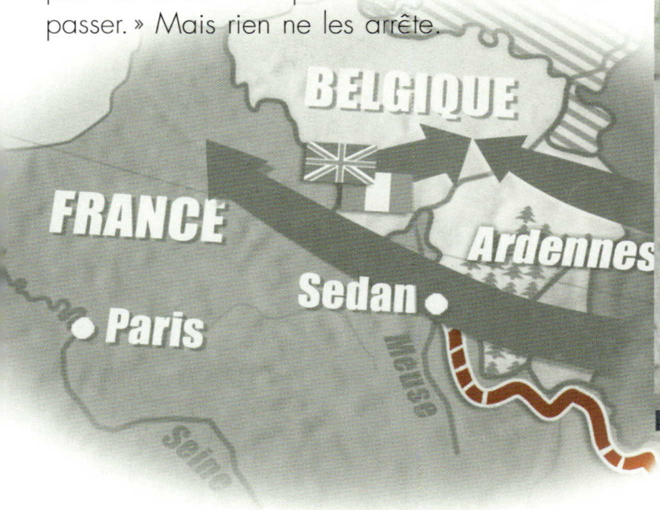

Hitler montre sa satisfaction devant la tournure des événements et esquisse un pas de danse.

« Du malheur à l'infini »

Les réfugiés belges affluent à Paris. À la gare du Nord, la Croix-Rouge, débordée, les transfère dans des wagons à bestiaux pour le Sud. L'entrée des Allemands dans Liège accentue le mouvement de panique. Les citadins sont déjà partis, mais des ruraux sont encore là. Depuis la nuit des temps, les paysans sont toujours les derniers à fuir, à abandonner leurs bêtes.

Le grand poète flamand Émile Verhaeren écrit :

Les gens d'ici n'ont rien de rien,
Rien devant eux
Que l'infini de la grand' route…
Les gens des champs, les gens d'ici
Ont du malheur à l'infini…

L'évacuation belge, mai 1940.

Les raids allemands

L'offensive aérienne allemande se déchaîne, dévastant les carrefours stratégiques, les terrains d'aviation, les raffineries et les stocks d'essence. Les villes du Nord et de l'Est de la France sont bombardées. Les Français sont maintenant confrontés à la réalité de la guerre moderne.
Aux Pays-Bas, le port de Rotterdam brûle. Un raid allemand de terreur, comme pour Varsovie. Mais ce bombardement a eu lieu *après* la reddition de Rotterdam. Un nouveau crime de guerre hitlérien.
À Londres, Winston Churchill est désormais à la tête du gouvernement. Son premier discours révèle sa volonté de tenir.

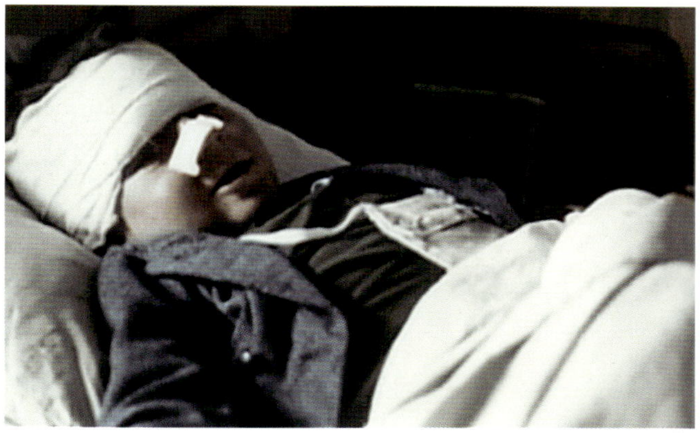

Winston Churchill.

L'incendie du port de Rotterdam.

L'enclerclement des Alliés

La France est soudain en mauvaise posture. En trois jours, les Allemands ont traversé les Ardennes et avancent vers la ligne de résistance française sur la Meuse. Ils cherchent à refermer les tenailles de leur piège : l'encerclement des Alliés, massés en Belgique. Ils entrent dans la petite ville de Floing dans les Ardennes et passent devant le monument aux morts de la guerre 1914-1918. Tout un symbole…

Le général Heinz Guderian.

Les fantassins allemands bousculent les Français, comme s'ils venaient d'un autre monde. Ils prennent Sedan, la clé des Ardennes, déjà marquée par la défaite de 1870. Le 14 mai, les chars du général Guderian franchissent la Meuse. Heinz Guderian est un Prussien de quarante-deux ans, grand théoricien des chars, de leur utilisation avec force, audace et rapidité.

La *Blitzkrieg*, la « guerre éclair », ne doit pas laisser à l'ennemi le temps de reprendre des forces. Les chars sont suivis par l'infanterie et soutenus par l'aviation, surtout les Stukas, les bombardiers en piqué, au bruit de sirène.

Les chars français sont anéantis, mais les tankistes ont été héroïques, on ne le dit pas assez. Les combattants, qui n'ont pas démérité, se demandent pourquoi l'aviation ne les a pas protégés.

Les aviateurs français ont abattu plusieurs centaines d'avions allemands. Mille aviateurs allemands sont faits prisonniers.

Les chars français sont la proie des Stukas.

Le gouvernement britannique demande avec insistance à son allié français de lui livrer ces aviateurs pour les mettre en lieu sûr au Canada. Mais sans succès. Terrible imprudence : ces pilotes allemands seront rendus, à la fin des hostilités, et reprendront le combat contre l'Angleterre.

Les soldats français se sont bien battus.

Des centaines d'Allemands abattus, des milliers d'autres faits prisonniers.

Comment arrêter l'avance allemande ? À Paris, les autorités s'efforcent de canaliser l'afflux de plus en plus grand des réfugiés. Venus de Belgique et de tout le Nord de la France, ils se sont déversés sur les collèges, les casernes ou les hôpitaux, très rapidement submergés. Parmi eux, une petite Belge. Elle ressemble à Brigitte Fossey dans le film de René Clément *Jeux interdits*, qui retrace exactement cette période.

Les chars allemands foncent à travers les villes et les villages du Nord de la France. Les Français tentent courageusement de ralentir l'avance allemande. Les Allemands brisent les nids de résistance. Un officier d'état-major, le capitaine Beaufre, raconte : « Nous recevions des mauvaises nouvelles, des mauvaises nouvelles, sans arrêt. Une atmosphère incroyable, une espèce d'usure morale après cette accumulation en huit jours de nouvelles catastrophiques. C'est aussi la première fois que j'ai vu pleurer un homme. »

Les Allemands sont sur la Manche. Le coup de faucille a réussi. Le corps expéditionnaire britannique et l'armée française sont encerclés. L'armée belge capitule.

Avance allemande.

L'évacuation de Dunkerque

Le 25 mai 1940, quatre cent mille Anglais et Français, désemparés, s'entassent avec un dernier espoir de s'échapper par la mer. Churchill ordonne à tout ce qui flotte d'aller les chercher. Destroyers, dragueurs de mines, chalutiers, remorqueurs, péniches, yachts de plaisance, et même le bateau-pompe de la Tamise. Tous traversent la Manche pour venir au secours des assiégés, parmi lesquels les généraux anglais, dont Montgomery.
Les Français contiennent les Allemands dans les faubourgs de Dunkerque, mais subissent de très lourdes pertes. Le rembarquement réussit pour deux cent quinze mille Anglais et cent vingt mille Français. L'armée anglaise est sauvée, mais à quel prix !

Les Français sont renvoyés en Bretagne pour tenter une dernière résistance. Les Anglais sont dirigés vers des centres de rééquipement.
Pour toute l'Angleterre, Dunkerque est un exploit, que Churchill relativise avec lucidité : « On ne gagne pas des guerres avec des évacuations. » Pourtant c'est là, dans ces premiers jours de juin 1940, que naît l'« esprit de Dunkerque ».
L'Angleterre prend conscience de la nature impitoyable de cette guerre et de la puissance mortelle de l'ennemi hitlérien. L'insouciance et l'humour font place à une mobilisation désespérée. Le 4 juin, Churchill, qui lutte aussi contre les défaitistes de son propre camp, tient des propos aux accents inoubliables : « Nous nous battrons sur les plages et sur les aérodromes, dans les champs, dans les rues, dans les collines, nous ne céderons jamais. »

L'accueil des Anglais : admirable.

Le butin de Dunkerque

Le 4 juin 1940, les Allemands entrent dans Dunkerque. Ils découvrent un butin fabuleux, abondamment filmé par la propagande. La plus grande partie du matériel de l'armée anglaise. Sur la plage jonchée d'épaves, un Spitfire britannique. Heureux, les soldats de la Wehrmacht se filment mutuellement. Hitler proclame : « Dunkerque, c'est la plus grande bataille de tous les temps, et le 4 juin sera désormais la fête nationale allemande. »
Quatre-vingt mille Français, les sacrifiés de la défense de Dunkerque, auraient préféré être rembarqués avec les autres. Une amertume qui restera longtemps dans les esprits.
Churchill rend hommage à leur courage : « Pendant ces quatre jours critiques, les Français ont contenu sept divisions allemandes. Ils ont ainsi apporté une splendide contribution au salut de leurs camarades. L'Angleterre n'aurait pas pu continuer la guerre sans eux. »
Malgré leur succès, les Allemands ont eux aussi subi des pertes importantes. La plupart sont ivres de fatigue. Ils n'ont pas dormi depuis quatre semaines, se battant sans arrêt. Mais l'offensive reprend.
La France s'écroule. Charles de Gaulle, promu général, entre au gouvernement. Il veut continuer la lutte.

Le 10 juin 1940, à Rome, Mussolini, le Duce, le dictateur de l'Italie, annonce une grande nouvelle à son peuple : la déclaration de guerre à la France. Mussolini rêve à son butin : la Corse, Nice, la Savoie, la Tunisie, Malte. Un coup de poignard dans le dos.

Paris ville ouverte

Paris est alors déclarée ville ouverte, c'est-à-dire livrée sans combat à l'adversaire, pour ne pas subir le sort de Varsovie ou de Rotterdam. Le gouvernement est parti pour Bordeaux.
Les Allemands sont aux portes de la ville. La rumeur enfle : « Ils tuent, ils violent, comme les Prussiens en 1870. » Abandonnés, les Parisiens fuient. La France s'enfuit. Une immense débâcle qui portera le nom biblique d'Exode. Six millions de Français convergent vers la Loire, le dernier rempart. Mais il n'y a pas de rempart contre les Stukas.
Le 14 juin 1940, à l'aube, les Allemands entrent dans Paris. La croix gammée, symbole du nazisme, flotte sur la capitale.
Le tout premier acte de l'Occupation, c'est la ruée sur les archives des ministères abandonnés. Listes des espions en Allemagne au service de la France, des juifs, des francs-maçons, et même l'original du traité de Versailles qui avait humilié l'Allemagne en 1919, et qui est aussitôt envoyé à Hitler.

Les Allemands poursuivent leur avance inexorable vers le Sud. L'armée française, qui était considérée avant le 10 mai comme la première du monde, est détruite. Pourtant elle s'est mieux battue qu'on ne l'a dit, surtout à l'époque. Cent mille soldats français sont morts, plus que dans la même période de la grande guerre, si meurtrière. Un million huit cent cinquante mille soldats sont faits prisonniers, dont trente-six mille officiers et cent soixante-seize généraux. Parmi les prisonniers, beaucoup de soldats africains des troupes coloniales françaises.

Les actualités officielles allemandes insistent sur les visages en gros plans. La consigne est de montrer la « dégénérescence des Français » obligés de faire la guerre avec leurs « esclaves » des colonies. Trois mille soldats et officiers de l'armée française d'origine africaine sont fusillés après leur capture. Le racisme imprègne les soldats allemands, après sept années d'endoctrinement nazi.

Soldat africain.

Le sort de la France se joue en trois journées décisives

16 juin 1940

Le 16 juin 1940, à Bordeaux, le conseil des ministres met Paul Reynaud en difficulté. Il démissionne. Pour lui succéder, le président de la République, Albert Lebrun, désigne alors Philippe Pétain comme chef du gouvernement. Le maréchal Pétain, le vainqueur de Verdun, annonce qu'il demande l'armistice. Les Français pleurent. Certains captent la BBC, la radio anglaise. Le général de Gaulle est arrivé à Londres.

18 juin 1940
Le 18 juin 1940, de Gaulle s'insurge contre l'armistice :

Les chefs qui, depuis de nombreuses années, sont à la tête des armées françaises, ont formé un gouvernement. Ce gouvernement, alléguant la défaite de nos armées, s'est mis en rapport avec l'ennemi pour cesser le combat. Certes, nous avons été, nous sommes, submergés par la force mécanique, terrestre et aérienne, de l'ennemi. Infiniment plus que leur nombre, ce sont les chars, les avions, la tactique des Allemands qui nous font reculer. Ce sont les chars, les avions, la tactique des Allemands qui ont surpris nos chefs au point de les amener là où ils en sont aujourd'hui. Mais le dernier mot est-il dit ? L'espérance doit-elle disparaître ? La défaite est-elle définitive ? Non ! Croyez-moi, moi qui vous parle en connaissance de cause et vous dis que rien n'est perdu pour la France. Les mêmes moyens qui nous ont vaincus peuvent faire venir un jour la victoire. Car la France n'est pas seule ! Elle n'est pas seule ! Elle n'est pas seule ! Elle a un vaste Empire derrière elle.
Elle peut faire bloc avec l'Empire britannique qui tient la mer et continue la lutte. Elle peut, comme l'Angleterre, utiliser sans limites l'immense industrie des États-Unis. Cette guerre n'est pas limitée au territoire malheureux de notre pays. Cette guerre n'est pas tranchée par la bataille de France.
Cette guerre est une guerre mondiale. Toutes les fautes, tous les retards, toutes les souffrances n'empêchent pas qu'il y a, dans l'univers, tous les moyens nécessaires pour écraser un jour nos ennemis. Foudroyés aujourd'hui par la force mécanique, nous pourrons vaincre dans l'avenir par une force mécanique supérieure. Le destin du monde est là. Moi, général de Gaulle, actuellement à Londres, j'invite les officiers et les soldats français qui se trouvent en territoire britannique ou qui viendraient à s'y trouver, avec leurs armes ou sans leurs armes, j'invite les ingénieurs et les ouvriers spécialistes des industries d'armement qui se trouvent en territoire britannique ou qui viendraient à s'y trouver, à se mettre en rapport avec moi. Quoi qu'il arrive, la flamme de la résistance française ne doit pas s'éteindre et ne s'éteindra pas.

Le drapeau à croix gammée flotte sur la tour Eiffel.

Ce texte admirable a été classé par l'Unesco au registre de la Mémoire du monde le 18 juin 2005.

Le général de Gaulle.

Le wagon de l'armistice de 1918.

22 juin 1940

Le 22 juin 1940, Hitler fait une brève visite à Paris. Il vient de recevoir un télégramme de félicitations de Staline. Puis il se rend dans la forêt de Compiègne, où est exposé le célèbre wagon où fut signé l'armistice du 11 novembre 1918. La revanche est totale. Les Français signent l'armistice, dont une clause est inacceptable : la livraison des allemands antinazis réfugiés en France. Ensuite, Hitler fait transporter le wagon à Berlin. Dans les derniers jours du Reich, il le fera dynamiter par les SS.
En six semaines, tous les grands symboles de la victoire française lors de la Première Guerre mondiale sont profanés, comme Verdun. Cinq cent mille morts pour en arriver là, vingt ans plus tard. Hitler entre dans Strasbourg et sa cathédrale. L'Alsace et la Lorraine sont de nouveau allemandes. Comme il l'avait promis dans *Mein Kampf*.

Le butin de la campagne de France

Le butin se compose de deux mille chars, cinq mille canons, trois cent mille fusils, quatre millions de munitions.
La Wehrmacht découvre dans un magasin de l'Intendance, à Paris, le stock de caleçons de l'armée française. Des vêtements de laine bien chauds, pour les campagnes futures.
Le butin, c'est la France, ses usines, ses ports, ses richesses. Les Français ont déclaré la guerre : ils paieront chaque jour une indemnité équivalente à cent millions d'euros.

Le gouvernement de Vichy

Hitler, pour économiser ses troupes, préfère laisser une partie de la souveraineté à un gouvernement français à sa botte, avec une armée réduite, sans armement lourd, juste pour maintenir l'ordre.

La France est donc coupée en deux. Une zone occupée au nord et le long de la façade maritime, pour disposer des ports. La Méditerranée est contrôlée par l'Italie qui a une bande d'occupation le long des Alpes. Le reste est une zone dite « libre », avec une nouvelle capitale, Vichy.

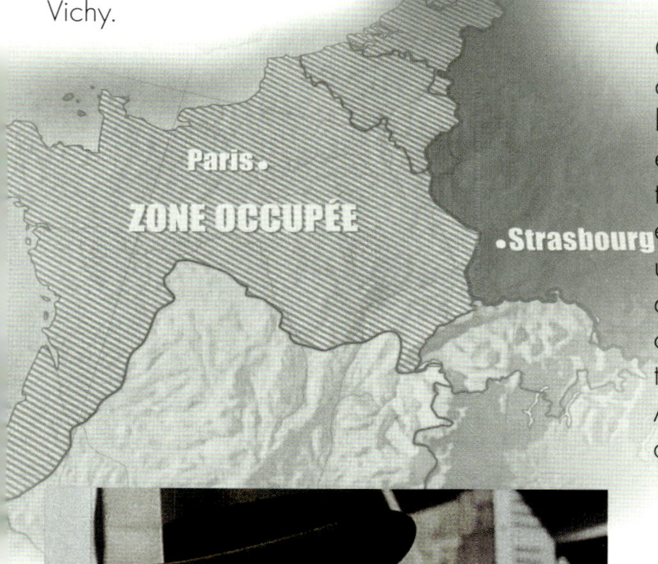

Le maréchal Pétain.

Cette ville thermale a été choisie parce qu'elle dispose de nombreux hôtels, où s'installent dès le début du mois de juillet le maréchal Pétain et les ministères, dans une atmosphère délétère. Mais ce gouvernement de Vichy contrôle encore un immense empire colonial et surtout une marine, restée puissante. Hitler a demandé qu'elle soit désarmée dans ses ports d'attache, car il a eu peur qu'elle se joigne à l'Angleterre. Churchill a la crainte inverse : que les Allemands ne s'en emparent. Il donne l'ordre à la Royal Navy de la neutraliser.

La base française de Mers El Kebir attaquée par les Britanniques.

Mers El Kebir

Le 3 juillet 1940, une escadre britannique se présente devant une des bases les plus importantes de la marine : Mers El Kebir, près d'Oran en Algérie. Churchill ne veut prendre aucun risque. Il fait envoyer ce signal : « Rejoignez-nous, ou sabordez-vous, ou partez pour les Antilles. » Vichy semble n'avoir été informée que des deux premiers points et refuse. Les Anglais ouvrent le feu.

Deux cuirassés, deux croiseurs et un destroyer sont coulés. Mille deux cents marins français sont tués. En frappant ses amis d'hier, dont la flotte aurait pu aider les Allemands à débarquer sur les côtes anglaises, Churchill veut prouver sa détermination à l'opinion publique de son pays, au monde, et surtout aux États-Unis.

Les ministres de Vichy veulent déclarer la guerre à l'Angleterre, Pétain s'y oppose : « Une défaite suffit. »

Toute l'Allemagne fait un triomphe à Hitler. Sa conquête éclair de l'Europe subjugue ses généraux. Il se prend désormais pour le plus grand chef de guerre de tous les temps, l'égal de Napoléon, et comme pour l'Empereur, personne n'osera plus le contredire.

« Nous devons rassembler toutes nos forces »

Les Anglais attendent l'invasion allemande. La première mesure est de mettre les enfants à l'abri à la campagne – toujours un déchirement. Leurs grandes sœurs, leurs mères et leurs grands-mères s'engagent. Car chacune doit défendre sa maison contre les redoutables parachutistes allemands. Sont volontaires pour la Home Guard, la défense locale, tous les hommes, même les vétérans de la guerre de 1914. Une mobilisation des bonnes volontés, pendant que l'armée sauvée à Dunkerque se reconstitue. L'Amérique fournit les fusils, les mitrailleuses et les canons antiaériens. Churchill prononce alors son discours resté le plus cher dans le cœur des Anglais : « La bataille d'Angleterre va commencer. Nous devons rassembler toutes nos forces. Si l'Empire britannique existe encore dans mille ans, les hommes de ce temps diront : Ceux-là ont vécu leur moment le plus glorieux. »

L'héroïsme des femmes anglaises.

Le Spitfire, le roi des chasseurs.

La bataille d'Angleterre

L'une des armes principales de Churchill, c'est la RAF, la Royal Air Force. Et un avion remarquable, le Spitfire avec son moteur Rolls-Royce, le meilleur chasseur du monde.

Les Anglais ont aussi une longueur d'avance dans le domaine de l'électronique. C'est un Anglais qui a inventé le radar, pour détecter les avions et permettre aux *ops rooms*, les centres de contrôle, de diriger les pilotes vers l'ennemi.

Aux pilotes venus de tout l'Empire britannique se sont joints ceux qui ont réussi à s'enfuir de leur pays occupé par les Allemands. Ceux dont les gouvernements sont en exil à Londres, comme les Polonais, les Hollandais, les Belges, les Tchèques. Et de nombreux Américains. Leur pays est neutre, pas eux. Et les premiers Français libres, avec de Gaulle.

Les pilotes anglais sont des étudiants d'Oxford ou de Cambridge. L'un d'entre eux, Richard Hillary, écrit avant de partir au combat et d'être abattu : « La presse nous appelait la "génération perdue". Nous avions les cheveux longs. Nous étions gâtés, désabusés, suffisants. Ce n'était pas l'héroïsme qui nous intéressait, mais la guerre allait nous fournir l'occasion de nous prouver à nous-mêmes et de prouver au monde que, quelle que soit notre indiscipline, nous pouvions tenir tête à la jeunesse fanatisée d'Hitler. »

***Ops room*, centre de contrôle radar britannique.**

Goering et la Luftwaffe

Les pilotes allemands ont été formés par la Hitlerjugend, la jeunesse hitlérienne, dans l'idée de la revanche. Ils se considèrent comme l'élite, et leur chef, Goering, est le personnage le plus populaire du régime. Lui qui aime tant le luxe a fait de l'hôtel Ritz, à Paris, le quartier général de la Luftwaffe. Il a promis à Hitler qu'en cinq jours il anéantirait la Royal Air Force, qu'il aurait la maîtrise de l'air et permettrait le débarquement de la Wehrmacht en Angleterre.

Un grand atout de la Luftwaffe : elle dispose maintenant de tous les aérodromes français, de leurs installations, de leurs équipements et surtout d'un très bon avion de chasse, le Messerschmitt Bf 109 E.

Les Allemands vont abattre quatre cents avions anglais au prix de mille des leurs.

Les pilotes anglais ont tenu bon. Ils se sont sacrifiés. Churchill ne l'oublie pas : « Jamais dans l'histoire des conflits humains autant d'hommes n'ont eu une dette aussi considérable envers si peu. »

Hitler décide de reporter son plan d'invasion. C'est son premier échec. Il change alors de méthode : « Les Anglais se rendront quand leurs villes seront détruites. »

Messerschmitt 109.

Heinkel 111.

Le Blitz

Les bombardiers allemands s'acharnent sur les villes comme Coventry et Londres. C'est le Blitz, le bombardement quotidien.
Ce changement d'objectif est une erreur fatale d'Hitler, parce qu'en fait la Royal Air Force était bien sur le point de craquer. Elle a maintenant le temps de souffler.
Quant au peuple anglais, il se révèle admirable. Il s'est enterré dans les jardins de ses cottages, il dort dans le métro avant d'aller au boulot. Il ne perd jamais son humour ni sa confiance. Hitler est exaspéré : « Churchill est un demi-Américain ivrogne et enjuivé. » Comme à chaque revers, il retourne sa hargne contre les juifs.

Le ghetto de Varsovie

Le 12 octobre 1940, le jour de Yom Kippour, le ghetto de Varsovie est entouré de murs de trois mètres de haut. Y seront enfermés cinq cent mille juifs, hommes, femmes, enfants, vieillards, qui vont souffrir atrocement de faim, de froid, de misère.

En Bavière...

Dans son chalet des Alpes de Bavière, le Berghof, Hitler, filmé par sa maîtresse Eva Braun, fête Noël 1940 avec les enfants des dignitaires nazis. Il mûrit un nouveau coup de poker. Sa mission, c'est la conquête de l'*espace vital* à l'Est. Il ne s'est allié avec Staline que pour mieux l'attaquer, mais plus tard. Son échec anglais l'oblige à précipiter les choses, avant que Churchill n'arrive à entraîner l'Amérique à ses côtés. Ce sera le choc des mondes.

Un U-Boote, un sous-marin allemand.
Les « Loups de l'Atlantique ».

Épisode 3

Le Choc

Quelques dates clés

23 août 1939 : signature du pacte germano-soviétique
3 octobre 1940 : promulgation d'un statut des juifs par Pétain
Juin 1941/janvier-février 1942 : opération Barbarossa
22 juin 1941 : invasion allemande de l'URSS
3 juillet 1941 : Staline ordonne la politique dite « de la terre brûlée »
6 juillet-5 août 1941 : bataille de Smolensk
8 septembre 1941 : début du siège de Leningrad
30 septembre 1941 : Hitler relance l'offensive contre Moscou (« Typho »)
2 décembre 1941 : la Wehrmacht atteint la banlieue de Moscou
5 décembre 1941 : Hitler stoppe l'offensive devant Moscou pour l'hiver
6 décembre 1941 : contre-offensive soviétique devant Moscou

Les Allemands à Paris

Après avoir vaincu la France, les Allemands ont fait de la ville de Paris un lieu de détente pour leurs soldats.
Le lieutenant August von Kageneck a dix-neuf ans. Il pose avec les permissionnaires. Son unité n'ayant pas participé à la campagne de France, il découvre la capitale. Il écrit : « On nous donne des consignes très strictes. Tenue impeccable, pas de contacts avec la population. Nous inventons le tourisme de masse ! » Les Français ne les regardent pas. Certains résistent déjà. Deux saboteurs de ligne téléphonique seront les premiers à être fusillés par les Allemands.

BERLITZ
CHRISTOFLE
LE NAPOLITA

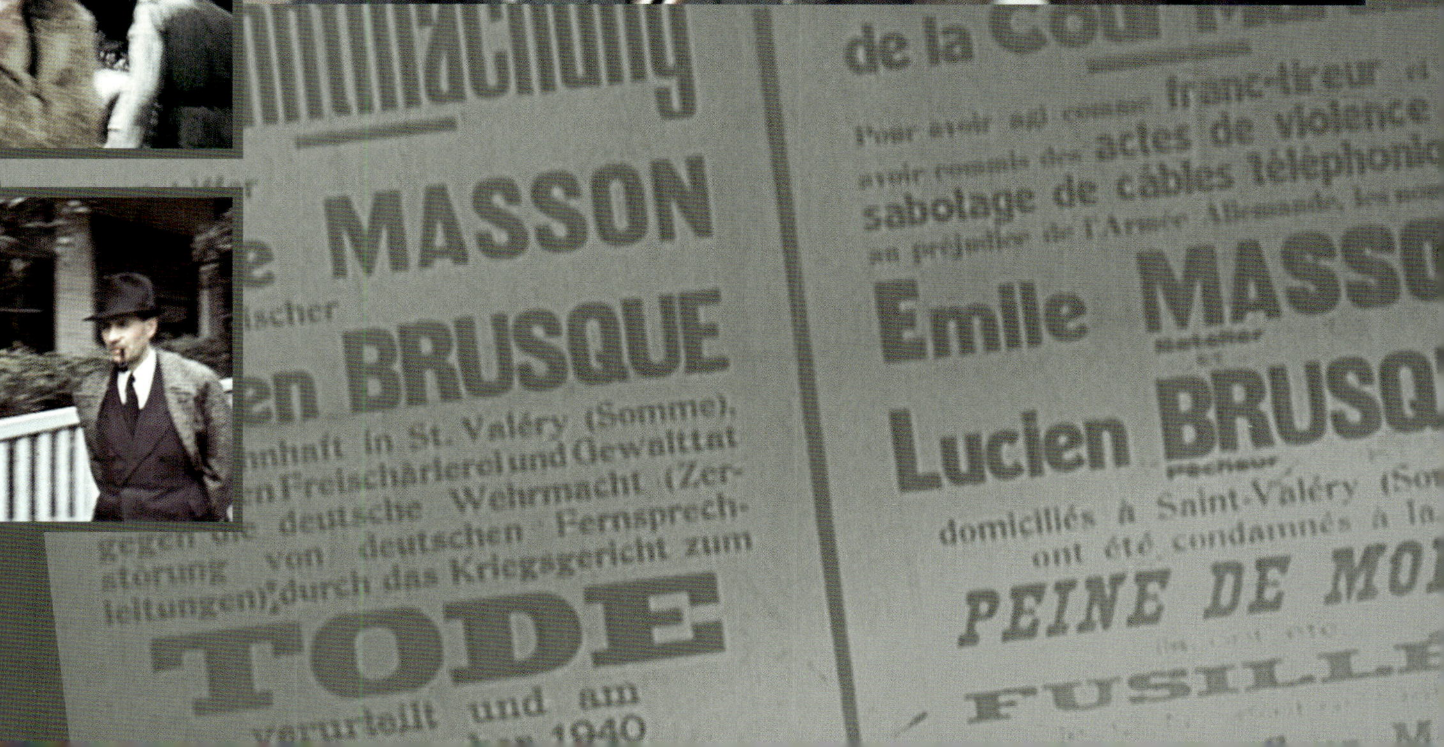
de la Cour M
Pour avoir agi comme franc-tireur
avoir commis des actes de violence
sabotage de câbles téléphoni
au préjudice de l'Armée Allemande, les nom
Emile MASSO
Lucien BRUSQ
domiciliés à Saint-Valéry (Som
ont été condamnés à la
PEINE DE MO
FUSILL
MASSON
en BRUSQUE
nhaft in St. Valéry (Somme),
en Freischärlerei und Gewalttat
die deutsche Wehrmacht (Zer-
gegen die
störung von deutschen Fernsprech-
leitungen) durch das Kriegsgericht zum
TODE
verurteilt und am
1940

Le début de la collaboration

Le nouvel «État français», autoritaire, avec à sa tête le maréchal Pétain, s'engage dans la «collaboration» avec l'Allemagne. Pétain a promulgué un statut des juifs, les excluant de la vie publique, et il a serré la main d'Hitler. Tous les jours, à 13 heures, la Wehrmacht défile dans Paris.
L'Allemagne occupe les capitales de l'Europe. Après Prague et Varsovie, Bruxelles, Luxembourg, La Haye, Copenhague, Oslo. Mais pas Londres.

Rose Gowlland dans son abri.

L'Angleterre résiste

Février 1941, dans la banlieue de Londres. Rose a trois ans, dont deux de guerre. Elle est courageuse, comme tout le peuple anglais.
Les villes anglaises sont dévastées par les bombardements allemands, mais l'Angleterre tient bon, autour de Churchill, avec l'aide providentielle de Roosevelt.
Celui-ci vient d'être réélu pour la troisième fois président des États-Unis. Malgré l'opinion américaine hostile à la guerre, il proclame : «Nous devons être l'arsenal des démocraties.» Seule une partie du matériel qu'il fournit à l'Angleterre arrive. Chaque bateau anglais est menacé. L'océan Atlantique est infesté de sous-marins allemands.

Churchill et Roosevelt.

Leurs périscopes cherchent les cargos anglais. Churchill s'inquiète. Bientôt plus rien ne passera. L'issue de la guerre sera fatale. L'Angleterre est une île ; c'est sa force, mais aussi sa faiblesse. Pourtant, elle est le seul espoir des peuples occupés. Les sous-marins allemands, les U-Boote, disposent maintenant des ports français. Les « Loups de l'Atlantique », groupés en « meutes », coulent à la torpille ou au canon, dans la seule année 1941, quatre millions de tonnes de navires anglais !

« Attaquons la Russie au plus vite »

Hitler peut être satisfait des succès de ses sous-marins, mais il reste préoccupé par le réarmement massif de l'Amérique : « Dans un an, les États-Unis seront prêts à entrer en guerre. Pour faire face, il nous faut plus de matières premières. Et elles sont à 'Est. Il faut conquérir cet espace vital. Après, l'Angleterre n'aura plus d'espoir et fera la paix. Il sera trop tard pour les Américains. Attaquons la Russie au plus vite. »

Hitler a baptisé le plan d'invasion de l'URSS « opération Barbarossa », du nom de l'empereur germanique Barberousse. La Wehrmacht se concentre à l'Est. Mais Hitler retarde son offensive. Il doit venir en aide à son allié Mussolini, qui veut mener sa guerre indépendamment de celle du Führer.

Le Duce vient d'être battu par les Anglais en Afrique.

Hitler et Mussolini, l'air halluciné.

Erwin Rommel.

« Cet homme est dangereux. »

Rommel

Pour sauver Mussolini du désastre, Hitler envoie en Libye l'un de ses meilleurs généraux, Rommel, et sa division blindée, l'Africa Korps.
La petite armée de soldats sous les ordres de Rommel est très motivée par cette aventure coloniale. Ils ne savent pas ce qui les attend.
Rommel est déjà un héros en Allemagne. C'est lui qui, en mai et juin 1940, a pris Cambrai, Arras, Rouen et Cherbourg. C'est aussi un vrai nazi, de la première heure, un serviteur zélé et efficace d'Hitler. Le soir même de l'arrivée de l'Afrika Korps, Rommel lance ses chars vers les positions britanniques. Les prisonniers australiens ou sud-africains, venus se battre au côté des Anglais, comprennent eux aussi que la guerre du désert va être terrible.
La légende de Rommel commence. Les Anglais diffusent sa photo avec la mention : « Cet homme est dangereux. »

Combats en Libye, 1941.

Prisonniers britanniques.

Hitler intervient en Grèce, où Mussolini s'est aussi aventuré, et lance ses parachutistes sur la Crète, après avoir mené une campagne éclair dans les Balkans et occupé la Yougoslavie.
Les arrières de l'invasion de la Russie sont assurés, mais l'opération Barbarossa prend du retard. Hitler a perdu de précieuses semaines.

Moscou, 1er mai 1941

La fête du Travail est traditionnellement l'occasion d'un grand défilé militaire. Celui-là requiert une préparation particulière : Staline veut impressionner les Allemands. Il a reçu de nombreux renseignements de ses espions sur l'imminence d'une attaque. Mais il ne veut pas croire qu'Hitler osera rompre le pacte germano-soviétique aussi vite. D'ailleurs, les Allemands sont venus assister au défilé. Les militaires allemands se serviront de cette démonstration de force pour prétendre que Staline voulait frapper le

Les chars soviétiques sur la place Rouge : impressionnant !

Hitler et Keitel dans le wagon du Führer.

premier. Hitler va attaquer, mais il aurait préféré ne pas se battre sur deux fronts, et faire d'abord la paix avec l'Angleterre.

Staline sur la place Rouge.

La délégation allemande au défilé du 1er mai 1941 à Moscou... deux mois seulement avant l'attaque d'Hitler !

Rudolf Hess aux commandes de son avion.

Rudolf Hess, « en mission pour la paix »

La radio anglaise annonce soudain une nouvelle stupéfiante. En Écosse, dans la région de Glasgow, viennent d'être retrouvés les restes d'un avion allemand, un Messerschmitt 110. Son pilote a sauté en parachute. C'est un nazi de première importance, le dauphin d'Hitler, Rudolf Hess. Il affirme : «Je suis en mission pour la paix.»

Hess est l'un des premiers fidèles d'Hitler, l'un des plus fanatiques. Il estime n'avoir pas eu un destin aussi glorieux que les autres dirigeants nazis. Il veut prouver à son Führer qu'il peut trouver une issue au conflit avec l'Angleterre. Mais il est aussitôt emprisonné. Churchill ne veut rien savoir et Hitler le désavoue. Il finira ses jours en prison. Pourtant, sans le vouloir, il révèle à ses interrogateurs britanniques qu'Hitler se prépare à envahir l'Union soviétique.

Churchill transmet aussitôt l'information à Staline, qui n'en fait aucun cas. Pas plus que du dernier avertissement de Sorge, l'espion soviétique basé à Tokyo, sur l'attaque allemande, dans un document daté du 30 mai 1941. Au contraire, Staline poursuit ses «livraisons» au Reich. Depuis le pacte germano-soviétique, il a expédié en Allemagne des milliers de tonnes de pétrole, de chrome, de nickel; ce qui a aidé Hitler à conquérir la France. La dernière livraison a lieu dans la nuit du 21 au 22 juin 1941.

22 juin 1941, à l'aube.

L'opération Barbarossa

Le dernier train transporte mille tonnes de blé. Il passe la frontière à minuit et, à 3 heures du matin, sans déclaration de guerre, les premiers sapeurs de la Wehrmacht se glissent en territoire russe. Derrière eux, cent cinquante-trois divisions allemandes, mais aussi finlandaises, roumaines, slovaques, hongroises et même une division franquiste espagnole. Soit quatre millions d'hommes, six cent mille camions, quatre mille chars, sept mille canons et trois mille avions. Dans les premières minutes de l'attaque allemande, mille cinq cents appareils soviétiques sont détruits au sol. Quelques heures plus tard, on dénombre quatre cents avions russes abattus en vol par les Allemands.

Un Polikarpov I-16, chasseur dépassé, tente de s'opposer à la Luftwaffe, maîtresse du ciel.

Surprise, dépassée, l'armée de l'air soviétique semble rayée du ciel. L'offensive allemande se déchaîne sur trois mille kilomètres, dans trois directions.

Les objectifs de l'offensive allemande

Au nord, l'objectif idéologique : Leningrad, la ville de Lénine, le berceau de la révolution russe, aujourd'hui Saint-Pétersbourg. Au centre, l'objectif politique, Moscou, la capitale de Staline. Au sud, l'objectif économique, Kiev et l'Ukraine.

La Pravda, le journal officiel du Parti communiste, annonce l'« agression fasciste ».

Mais où est Staline ? Il se cache, terriblement déçu et horrifié devant les premières nouvelles, catastrophiques, venues de la frontière.

L'avance des Allemands est foudroyante. Rien ne peut résister aux *Panzergrenadiers*, ces soldats allemands à qui on a martelé : « Vous allez sauver l'Occident des hordes asiatiques. C'est une croisade moderne contre la puissance des ténèbres : le judéo-bolchevisme. »

La Russie : un territoire hostile

En direction de Moscou, le général Guderian, l'homme des blindés de la *Blitzkrieg*, la « guerre éclair », est ralenti par la ligne Staline, une série de fortifications que les *Panzergrenadiers* doivent enlever d'assaut. Guderian reprend son avance, mais un élément imprévu va freiner ses fières unités motorisées, comme en témoigne le lieutenant August von Kageneck : « Nous avançons avec nos automitrailleuses et la poussière nous enveloppe. Nous sommes en Russie ! Où n'existent ni route ni asphalte. Elle est terrible, cette poussière grasse, jaune ou rouge, elle pénètre partout : dans les yeux, dans les narines, dans la bouche. »

Les *Landsers* – les soldats de la Wehrmacht – marchent ainsi cinquante kilomètres par jour. Maintenant, ils se rendent compte de l'immensité de la Russie. Ils parcourent des centaines et des centaines de kilomètres sans apercevoir un seul village. Les camions de ravitaillement, de carburant et de munitions ont de plus en plus de mal à passer.

Mais une autre réalité s'impose aux soldats allemands. Les Russes se défendent.

La poussière russe.

Le canon allemand de 88 contre le char russe T34

Une surprise de taille attend les Allemands : l'apparition d'un nouveau type de char russe, le T34. Un monstre de trente tonnes, équipé d'un redoutable canon. Les nazis s'interrogent. Comment ces *Untermensch*, ces « sous-hommes », comme ils appellent les Russes, ont-ils pu fabriquer ces engins ? Seul peut l'arrêter le canon allemand de 88, une arme puissante.

Le 88, le meilleur canon de la guerre...

... contre le meilleur char du monde.

Les Allemands progressent, lentement mais sûrement

Les Allemands restent les mieux armés et les plus forts.
Kageneck écrit : « Il y avait l'odeur des cadavres, cuits au soleil, couverts de mouches. Une odeur douceâtre et fade qui s'accroche aux narines, qui pénètre sous la peau, comme la poussière. »
Si les pertes russes sont énormes, celles des Allemands augmentent aussi.
Un médecin militaire allemand, le major Heinrich Haape, ordonne aux hommes d'arrêter toute prise de nourriture six heures avant les attaques. Il précise : « Cela augmente vos chances de survie en cas d'un coup dans le ventre. L'absorption d'une seule tranche de pain contracte le sang dans les vaisseaux intestinaux et augmente le danger d'hémorragie interne. »
Malgré la difficulté, les Allemands continuent à progresser vers leurs trois objectifs, Leningrad, Moscou et Kiev, en capturant des armées entières.
Hitler a donné l'ordre de tuer immédiatement les commissaires politiques, membres du Parti communiste, qui contrôlent les officiers et surveillent les soldats de chaque unité.
Guderian refuse d'appliquer cet ordre criminel, mais le commandant de la *4. Panzerarmee* (la 4e armée blindée), le général Hoepner, estime que « ce conflit doit être conduit avec une brutalité sans précédent. Aucune pitié pour les bolcheviques ».

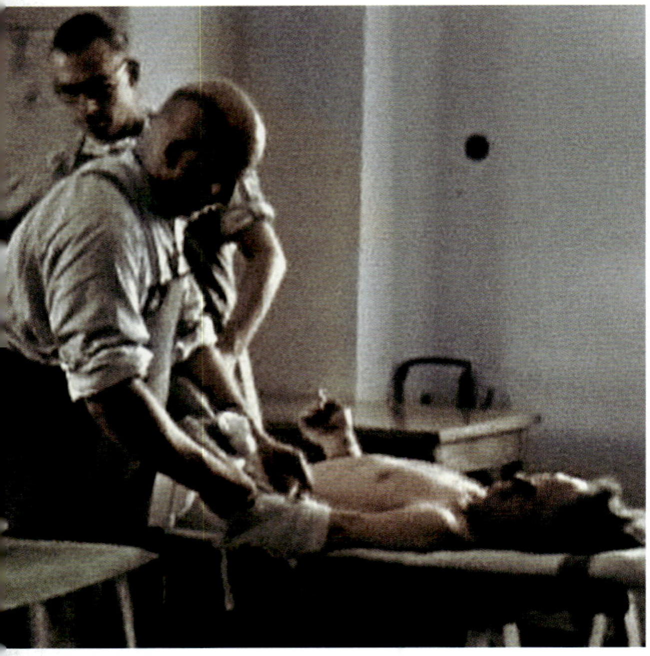

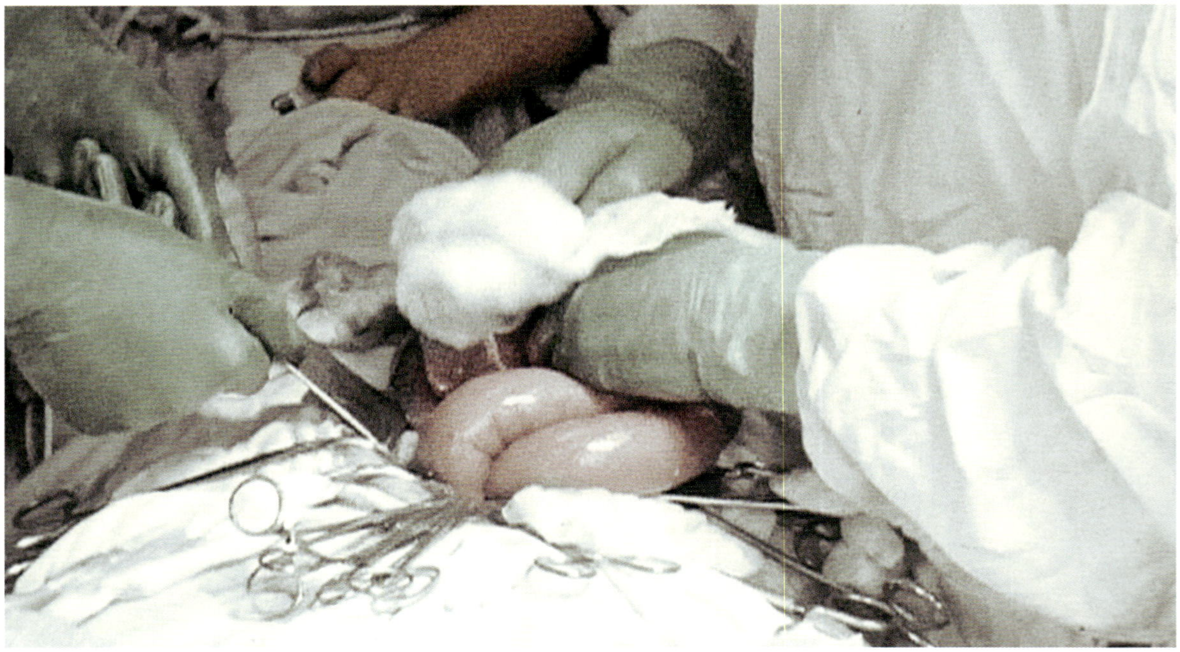

Les nazis capturent un commissaire politique soviétique.

Conformément à l'ordre d'Hitler, il sera immédiatement exécuté.

Staline.

L'ordre de la « terre brûlée »

Les Russes se battent, désespérés. C'est la retraite sur tout le front.
Pour Staline, les nouvelles sont de plus en plus mauvaises. Il s'était effondré, le voici qui se relève. Parce que *Staline* est un pseudonyme qui signifie l'« Homme d'acier ».
Le 3 juillet 1941, Staline prend la parole, employant des mots qu'il n'avait jamais prononcés. Il appelle les Russes « mes frères, mes sœurs ». Il leur dit la vérité : « Nous sommes attaqués par l'Allemagne hitlérienne. Un ennemi cruel, inexorable ! Un grave danger pèse sur notre patrie. »
Du fond de l'abîme, il ose prophétiser : « Les troupes fascistes allemandes sont-elles vraiment invincibles ? On disait que l'armée de Napoléon était invincible. Mais elle a été battue. »

Il ordonne de faire transporter immédiatement les usines avec leurs machines et leurs ouvriers loin à l'Est, dans les montagnes de l'Oural. Et il donne aux paysans un ordre inflexible : « Partez, quittez votre isba, votre maison, détruisez tout. Ne laissez rien qui puisse servir à l'agresseur fasciste hitlérien. » C'est l'ordre de la « terre brûlée ».

À l'instar de la Grande Armée de Napoléon, les Allemands avancent dans une terre brûlée. La résistance soviétique est de plus en plus forte, et une mauvaise surprise attend les occupants : les Russes mettent en action une arme nouvelle, un lance-roquettes baptisé « orgues de Staline » ou *katiouchas*, comme une chanson patriotique de l'époque.

Les partisans harcèlent les lignes de communication de l'ennemi.

La répression allemande est féroce. Le Führer ordonne : « Liquidez immédiatement toute population soupçonnée de la moindre hostilité. »

Les paysans russes brûlent leur terre.

Les Russes fuient.

Les Allemands avancent.

La conquête de l'Ukraine

Les Ukrainiens reçoivent plutôt bien les Allemands. Ils ont beaucoup de raisons de haïr les Russes, et surtout Staline, responsable, au début des années trente, d'une immense famine qui a fait trois millions de victimes. Les Ukrainiens, souvent antisémites, incriminent aussi les juifs et se livrent à des pogroms. Beaucoup d'entre eux se rangent du côté des nazis. Mais l'Allemagne va perdre une occasion de se faire une alliée.

Goering arrive en Ukraine : « Pas de bouches inutiles à nourrir. Ceux qui peuvent travailler travailleront pour le Reich. Les autres mourront. Ceux qui travaillent donneront tout ce qu'ils ont, jusqu'à leur mort. »

Goering.

Les nazis trouvent de nombreux sympathisants en Ukraine.

Rafle des juifs.

Les nazis rassemblent les juifs.

La « Shoah par balles »

Goering et son complice, le théoricien du racisme nazi Rosenberg, sont là pour mettre en œuvre l'asservissement de l'Ukraine et l'élimination méthodique des juifs. Himmler et Heydrich ont, dès 1939, mis en place des commandos d'exécution, les *Einsatzgruppen*, composés de SS, de policiers et de soldats de la Wehrmacht, qui raflent les juifs.

Himmler, le chef des SS, vient mettre en place l'extermination des juifs d'Ukraine.

Les *Einsatzgruppen* exécutent ainsi un million de femmes, d'enfants, de vieillards, de jeunes hommes…

Les SS emmènent les juifs dans les bois et donnent à chacun une pelle pour creuser sa tombe. Puis ils font creuser de longues fosses communes où les juifs vont directement se coucher sur les morts précédents.
Le meurtre prémédité et de sang-froid d'un million de juifs portera le nom de « Shoah par balles ».

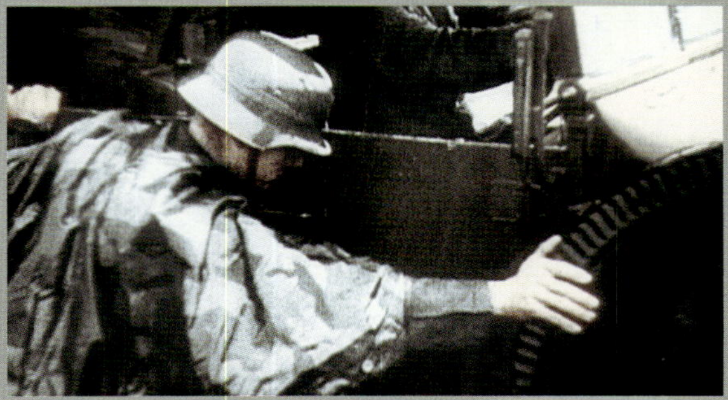

La difficile avance vers Moscou

Guderian reçoit enfin l'ordre d'Hitler de marcher sur Moscou. Sur ce front immense, trois fois grand comme la France, de Leningrad à Odessa, la poussée vers Moscou paraît irrésistible. Mais début octobre 1941, la pluie commence à tomber. August von Kageneck écrit : « Nous avons soudain affaire à un adversaire terrible : la pluie d'automne et la boue que les Russes appellent *raspoutitza*. Une boue sans fond, tenace, collante, qui prend tout, qui tient tout et ne lâche plus rien, pas plus un char qu'un camion, un cheval ou un homme. Elle paralyse tout mouvement. Nous arrivons péniblement à faire cinq kilomètres par jours. Mettre un pied devant l'autre demande un effort surhumain. Les Panzer, l'orgueil de la Wehrmacht, sont arrêtés. »

Le 1er novembre, le gel vient durcir le sol. Les Allemands repartent vers Moscou, mais au prix de quelles souffrances ! Une vague de froid précoce fait descendre le thermomètre à moins quarante. La Wehrmacht, prévue pour la *Blitzkrieg*, la « guerre éclair », devait régler son compte à la Russie en quatre mois. Elle n'est donc pas équipée pour résister à de telles températures.

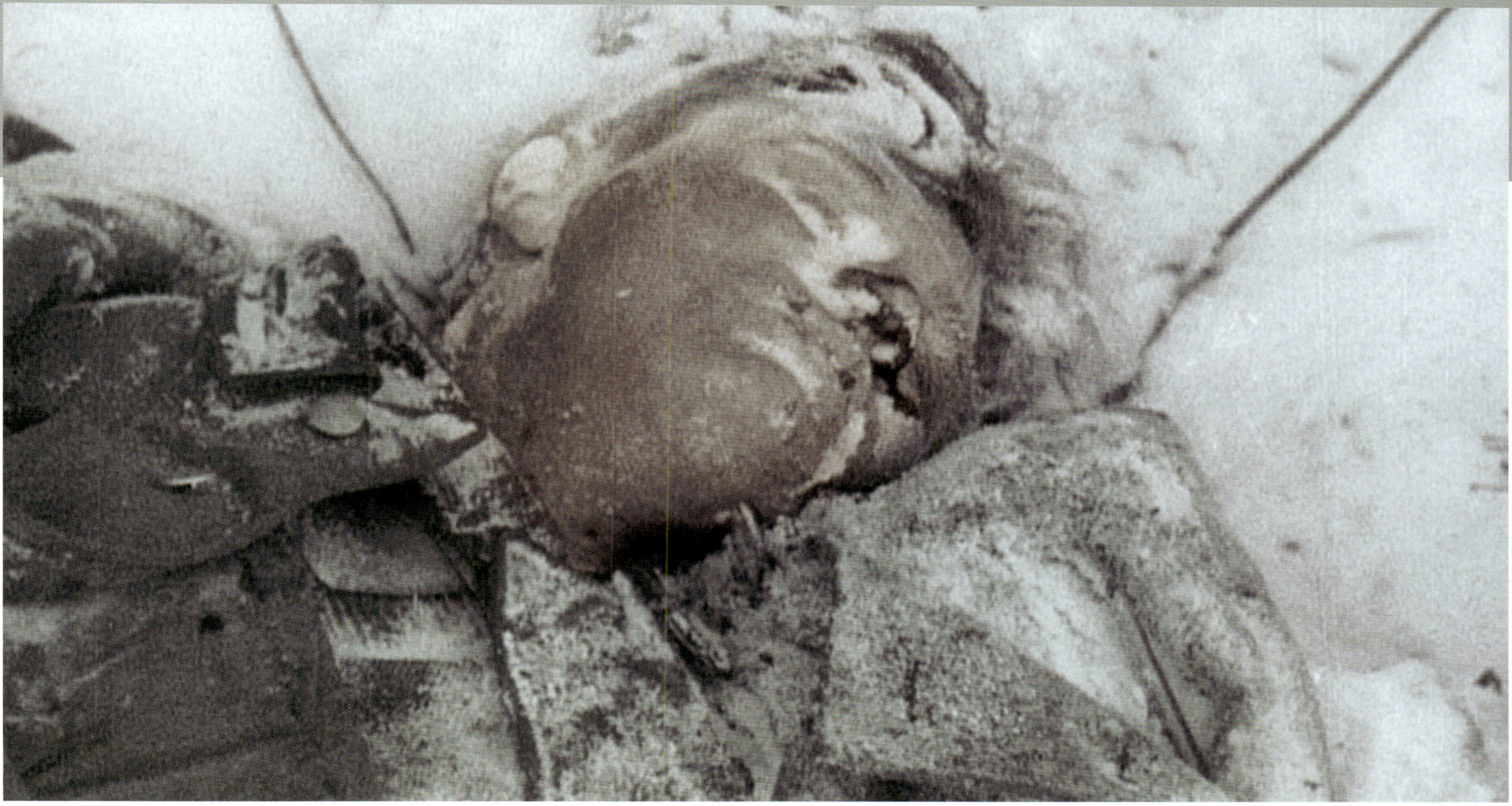

Les Allemands meurent de froid.

Guderian écrit dans ses Mémoires : « Il faut avoir vu ces hommes affamés et insuffisamment couverts se battre pour un abri médiocre. »
Les hommes meurent de froid ou de dysenterie. La diarrhée les fait courir trente fois par jour. Le médecin-major Haape les prévient : « Il faut choisir. Si vous baissez votre pantalon, vous mourez de froid. Il faut découdre la couture derrière pour ne pas avoir à le baisser. »
Les Allemands ne peuvent plus se laver ni se changer. Les poux, les punaises, la gale les rendent fous et apportent le typhus. La Grande Armée de Napoléon avait perdu un tiers de ses hommes à cause de cette maladie.

La diarrhée.

Staline et la levée en masse.

Les blindés allemands au terminus de la ligne d'autobus pour la place Rouge.

La Wehrmacht réussit quand même à avancer jusqu'à trente kilomètres de Moscou. Hitler tient ces propos : « Je raserai cette ville maudite et je la remplacerai par un lac artificiel avec un éclairage central ! »

Les avant-gardes allemandes atteignent la banlieue de Moscou et même le terminus de la ligne d'autobus qui va jusqu'à la place Rouge.

Pendant que l'armée rouge contient cette avance allemande, Staline ordonne de maintenir le traditionnel défilé pour l'anniversaire de la révolution, le 7 novembre 1941.

Pour galvaniser ses troupes, Staline prononce un discours où il fait appel à ce qui a toujours été interdit dans son régime, le souvenir des grands soldats du tsarisme : « Soyez dignes de vos glorieux ancêtres : le vainqueur des Teutons, Alexandre Nevski [...], des Tartares, Dimitri Donskoï [...], des Turcs, Souvorov, et de Napoléon, Koutouzov ! »

Gueorgui Joukov.

Les Sibériens.

La défense de Moscou

Staline a organisé la défense de Moscou avec le plus brillant de ses généraux, un spécialiste des chars, considéré comme l'équivalent russe de Guderian, Gueorgui Joukov, âgé de quarante-cinq ans.

Joukov a de la chance. L'espion soviétique Sorge a révélé que le Japon, pourtant allié d'Hitler, a décidé de ne pas attaquer la Russie parce que son principal ennemi, c'est l'Amérique. Du coup, Joukov peut dégarnir ses forces d'Extrême-Orient. Il fait venir les divisions de Sibériens, bien équipés.

Les Sibériens, des hommes des bois et de la neige.

L'attaque soviétique.

Les premiers prisonniers allemands.

Prisonniers allemands en route pour la Sibérie.

Les Sibériens ne craignent pas le froid : ce sont des hommes des bois rompus à toutes les ruses. Ils ont emmené avec eux leurs skis et leurs rennes. Mais leur gibier, cette fois, c'est l'Allemand.

Cinquante mille Allemands sont morts ou disparus, cinquante-sept mille faits prisonniers. Ces prisonniers qui partent pour la Sibérie n'ont pas fini d'avoir froid. Un sur dix seulement reviendra, au bout de quinze ans.

L'armée allemande recule de deux cents kilomètres. Hitler ordonne alors de tenir cette nouvelle ligne à tout prix. Il destitue trente-cinq généraux, dont Guderian, et prend lui-même le commandement de l'armée. Il va réussir à rétablir la situation, à rééquiper son armée, à se préparer pour la revanche. Puis il retrouve ses chiens dans son chalet de Bavière.

La chienne Blondi, le réconfort d'Hitler.

Pearl Harbor, 7 décembre 1941.

Épisode 4

L'Embrasement

Quelques dates clés

7 décembre 1941 : attaque de Pearl Harbor
20 janvier 1942 : conférence de Wannsee : décision de la « solution finale »
19 février 1942 : premiers bombardements japonais de Darwin (Australie)
28 mars 1942 : bombardement d'Essen
9 avril-1er mai 1942 : marche de la mort des soldats américains et philippins capturés sur Bataan (Philippines)
18 avril 1942 : raid sur Tokyo (dit « raid de Doolittle »)
27 mai-10 juin 1942 : bataille de Bir Hakeim
5 juin 1942 : bataille de Midway
7 août 1942 : bataille de Guadalcanal

Le saké traditionnel à la santé de l'empereur.

L'attaque de Pearl Harbor

7 décembre 1941. Le Japon va attaquer l'Amérique. À bord du porte-avions *Zuikaku*, les pilotes sont réveillés à quatre heures du matin. Le commandant Mitsuo Fuchida les réunit pour le saké traditionnel à la santé de l'empereur. Fuchida a l'intention de mener l'attaque sur Pearl Harbor, la grande base navale américaine située à Hawaï, selon le plan audacieux de l'amiral Yamamoto. Celui-ci veut frapper un coup décisif. Son objectif : éliminer Pearl Harbor et la marine américaine, seul obstacle à la conquête japonaise du Pacifique. La surprise est totale du côté américain. Sans déclaration de guerre, l'attaque japonaise a fait deux mille cinq cents morts américains et mille deux cents blessés pour seulement trente pilotes japonais tués. Les images de ce massacre vont choquer le peuple américain, qui ne sera plus hostile à l'entrée en guerre des États-Unis.

L'amiral Yamamoto.

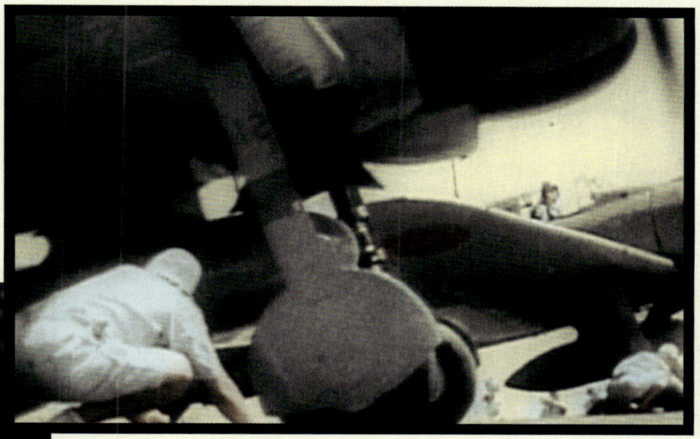

Les chasseurs Zéro décollent pour Pearl Harbor.

À bord d'un porte-avions japonais.

Un cuirassé américain, l'*Arizona*, s'est retourné avec son équipage.

Pourtant, les Japonais n'ont pas débarqué à Hawaï ni pris Pearl Harbor. En coulant les cuirassés américains, ils ont certes détruit une partie de la flotte, mais ces bâtiments de ligne tendaient alors à être détrônés par le porte-avions. Or, par miracle, les trois porte-avions américains basés à Pearl Harbor étaient tous en mer. Ils sont intacts.

Les Japonais ont subi très peu de pertes. L'un de leurs pilotes est retrouvé dans la rade de Pearl Harbor.

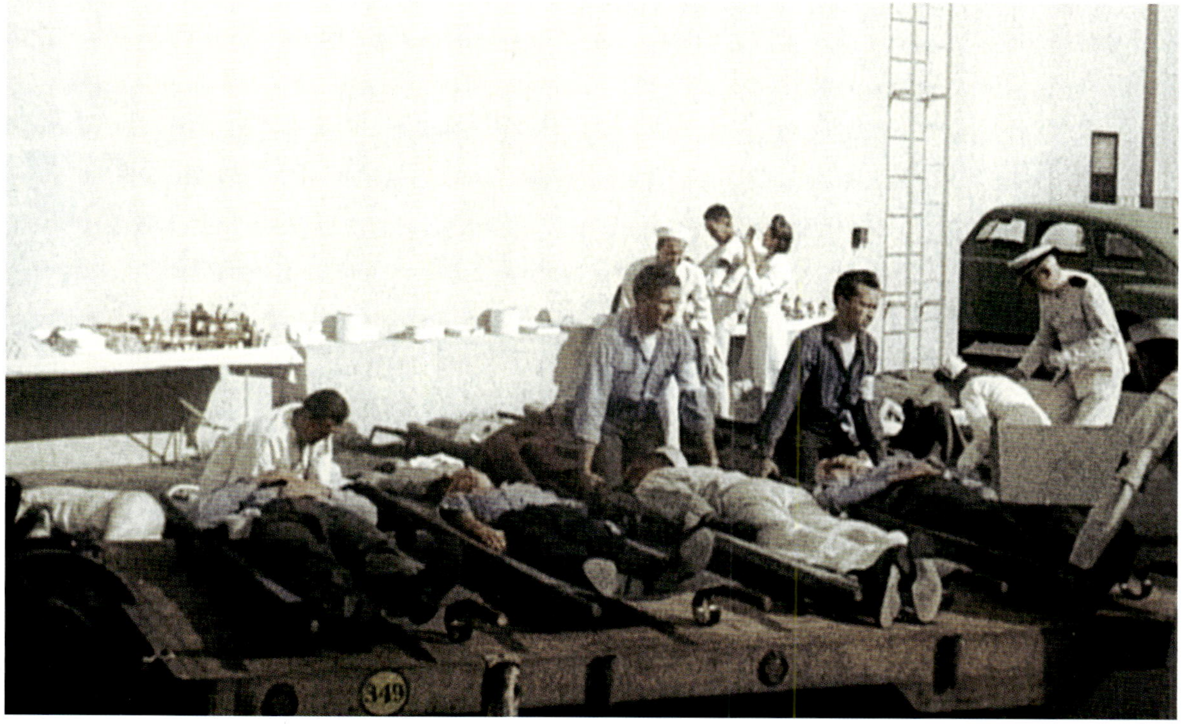

Franklin Roosevelt.

L'intervention du président Roosevelt

Le président des États-Unis, Franklin Roosevelt, s'attendait à une attaque, la tension avec le Japon étant à son comble. Mais qui pouvait imaginer que l'aéronavale nipponne pût frapper à cinq mille kilomètres de ses bases ?
Le lendemain de l'agression, Roosevelt s'adresse au Congrès : « Hier, 7 décembre 1941, le jour de l'Infamie, les États-Unis d'Amérique ont été soudainement et délibérément attaqués. Peu importe le temps que cela peut nous prendre pour repousser cette invasion préméditée. Le peuple américain, dans son droit, avec sa force, ira jusqu'à la victoire absolue. »

L'invasion nipponne

Car il s'agit bien d'une « invasion ». Le même jour, les Japonais attaquent Hong Kong, mitraillent les aérodromes américains des Philippines et débarquent à Bataan. Ils envahissent la Birmanie, la Malaisie, colonies britanniques pour le caoutchouc, Sumatra, colonie hollandaise pour le pétrole, ils menacent l'Inde et l'Australie. Quelques mois plus tôt, ils s'étaient installés en Indochine, alors colonie française. Après la défaite de 1940, le régime de Vichy, qui ne pouvait rien refuser à un allié d'Hitler, avait cédé aux Japonais des bases aériennes et navales. Les États-Unis ont réagi en interrompant leurs livraisons de pétrole au Japon et en bloquant les avoirs japonais. Ces sanctions économiques ont poussé le Japon à la guerre, car cet archipel surpeuplé et pauvre en ressources, en plein essor, a besoin de matières premières. Il a entrepris de les conquérir par la force.

La deuxième marine du monde

Le Japon s'est doté de la deuxième marine du monde, avec pas moins de dix porte-avions, et des appareils de combat très performants, comme le remarquable chasseur Mitsubishi A6M2 Type Zéro, supérieur aux avions alliés en vitesse, en maniabilité et en rayon d'action. Son armée se compose de deux millions de combattants, fanatisés autour de leur empereur.

Hirohito et son armée.

Le Zéro.

Le palais impérial de Tokyo.

Les Japonais occupent la Cité interdite de Pékin.

L'empereur Hirohito

Hirohito est le cent vingt-quatrième empereur du Japon. Savant, il étudie la biologie marine dans son laboratoire, installé dans son palais. Il est le Dieu vivant. Il couvre de son « autorité divine » les actes des militaires : en Chine, l'armée impériale s'est livrée à des massacres inouïs, comme à Nankin, en 1937, où trois cent mille Chinois ont été assassinés, avant que les Japonais ne défilent fièrement dans la Cité interdite de Pékin.

L'empereur l'a-t-il su ? Il règne, mais ne gouverne pas. Le pouvoir est entre les mains du général Tojo et d'une clique ultranationaliste, qui contrôle le pays au moyen d'une gestapo locale, la *Kempeitai*.

Hirohito.

La déclaration de guerre du général Tojo

Le discours de Tojo du 8 décembre 1941 est la déclaration de guerre officielle du Japon aux États-Unis : « Cent millions de Japonais doivent maintenant se dévouer et se sacrifier totalement au pays. Tant que nous aurons tous cette fidélité patriotique au dessein impérial de paix dans le monde, nous n'aurons pas peur, ni des Américains ni des Anglais ! » Un langage typique des militaires japonais de l'époque, purs ébénistes de la langue de bois, qui n'hésitent pas à parler de « dessein impérial de paix » alors qu'ils viennent de déclencher la guerre... Plus tard, quand la situation sera plus difficile, ils inventeront un caractère qui signifiera « avance en arrière ». Ils ne seront pas les seuls à le faire.

Le général Tojo.

Hitler déclare la guerre à l'Amérique.

La guerre devient mondiale

Trois jours après Pearl Harbor, le 10 décembre 1941, les avions japonais coulent deux cuirassés britanniques, venus protéger Singapour, dont l'un des navires de combat les plus modernes de l'époque, le *Prince of Wales*, l'orgueil de la Royal Navy. L'Angleterre n'est plus la maîtresse des mers.

Le lendemain, le 11 décembre, à Berlin, Hitler se rend au Reichstag, pour une assemblée exceptionnelle du monde dirigeant nazi.

Churchill et Roosevelt, décembre 1941.

Les prisonniers anglais du pont sur la rivière Kwaï.

Depuis l'attaque de Pearl Harbor et l'entrée en guerre des Japonais contre les États-Unis, pendant quatre jours fatidiques, le Führer a attendu en vain que Roosevelt lui déclare la guerre. Hitler pense que s'il se range du côté du Japon, Tokyo va être obligé de le soutenir en Russie, ce qui n'a pas été le cas jusque-là. Il déclare la guerre à l'Amérique et prononce un grand discours : « Ce qui anime Roosevelt, c'est le juif éternel. Je suis reconnaissant au peuple allemand de m'avoir désigné pour conduire cette lutte historique, qui déterminera l'avenir du monde pour dix siècles. »
Le Premier ministre britannique, Winston Churchill, accourt à Washington et déclare à Roosevelt : « Nous sommes dans le même bateau, maintenant. » Voilà deux ans qu'il attendait ce moment. Mais Roosevelt avait voulu montrer à son électorat qu'il avait tout fait pour préserver la paix. Churchill se sent désormais plus fort : la guerre est devenue mondiale. Il déclare : « Qu'est-ce qu'ils imaginent que nous sommes ? Il est possible qu'ils ne réalisent pas que nous irons jusqu'au bout. Nous leur donnerons une leçon qu'ils ne seront pas près d'oublier. »

Un adversaire sous-estimé

Churchill sous-estime gravement l'adversaire nippon. Hong Kong tombe en quelques jours. Le général Yamashita, surnommé le « Rommel japonais », ose s'enfoncer avec ses chars dans la jungle de Malaisie, et capture Singapour par la terre, alors que ce bastion de l'Empire britannique était défendu par une imposante artillerie dirigée vers la mer. Vingt-sept mille prisonniers britanniques, regroupés dans d'horribles camps, vont mourir de faim, de maladies tropicales, de mauvais traitements. Ils seront obligés de travailler sur les voies ferrées, qui permettent aux Japonais de se rapprocher de l'Inde, avec le fameux chantier du pont de la rivière Kwaï.
Aux Philippines, pour éviter d'être fait prisonnier, le commandant en chef américain, le général Douglas MacArthur, encerclé par les Japonais, reçoit de Roosevelt l'ordre de s'échapper. En arrivant en Australie, il déclare : « Je reviendrai. »

Le général Yamashita.

Le général Douglas MacArthur.

La «marche de la mort» de Bataan

Les hommes de MacArthur sont faits prisonniers. Trente mille Américains et autant de Philippins partent pour un camp d'internement, distant de cent kilomètres. C'est la «marche de la mort» de Bataan. L'un des survivants, Sidney Stewart, raconte : «On a marché dix jours et dix nuits, sans manger. On était battus sans arrêt. Ceux qui n'en pouvaient plus étaient achevés par les gardes, qui les décapitaient d'un coup de sabre.»

Un code de l'honneur sans pitié

Cette cruauté s'explique par la mentalité très particulière des Japonais de cette époque. Ils ne comprennent pas que l'on puisse se rendre. Eux ne se rendent jamais. Formés dès l'enfance à la guerre, ils apprennent le *Bushido*, un code de l'honneur sur l'art de tuer et d'être tué, comme l'explique l'officier de la marine impériale Mitsuo Fuchida : «*Bushido* se traduit par la "voie du guerrier". C'est un code de loyauté, de fidélité et de dévouement jusqu'à la mort. Nous méprisons la mort, nous la donnons avec la plus grande cruauté du moment qu'on tue l'ennemi. Nous méprisons la douleur physique, nous méprisons la mort sans gloire. Le *Bushido*, c'est l'art de la mort.»

La gymnastique matinale des marins japonais.

Le soldat fanatisé.

Banzaï !

En cinq mois, le Japon a détruit les forces alliées d'Extrême-Orient et conquis la moitié du Pacifique. « *Banzaï !* Vive l'empereur ! » crient les soldats. Un immense *Banzaï* déferle sur l'empire pour célébrer la « guerre éclair » à la japonaise.

L'entraînement à la baïonnette se fait parfois sur des prisonniers vivants.

Rose filmée par son père. Il se raccroche à ce tournage de film d'amateur pour se donner du courage et de l'espoir. Il nous offre un portrait émouvant de sa fille, qui apparaît tout au long de la série.

À Londres, Rose a été filmée par son papa tout au long de la guerre. Il lui dit : « Malgré les mauvaises nouvelles du Pacifique, tout s'arrangera un jour, n'aie pas peur. » Mais dès que Rose entend le bruit d'un avion, elle a peur. Son père la rassure : « Ceux-là, c'est la Royal Air Force, le 615 Squadron, l'escadrille de Churchill ! »

Churchill est commandant honoraire d'un Squadron de Spitfires.

Germany first

Les pilotes sont des rescapés de la bataille d'Angleterre, des Belges, des Polonais, des Tchèques et des Français. De Gaulle a pour ces héros une affection particulière. Ils sont parmi les premiers à l'avoir rejoint en Angleterre. Maintenant ce sont eux qui attaquent les Allemands, au-dessus de la France. Car, pour Churchill comme pour Roosevelt, c'est l'Allemagne qu'il faut abattre en premier : « *Germany first.* L'Allemagne d'abord. »

Le général de Gaulle et un héros de la France libre.

Pour bombarder l'Allemagne, Churchill crée une flotte aérienne, commandée par le général Arthur Harris, surnommé Harris la Bombe, qui tient ces propos : « Nous allons détruire leur moral et leurs usines, avec leurs ouvriers. » Harris est convaincu qu'il peut gagner la guerre avec ses puissants quadrimoteurs, les Halifax et les Lancaster. Cette stratégie, coûteuse en hommes et en matériel, est critiquée. Mais elle commence à semer la mort sur les villes allemandes.
Le 28 mars 1942, la ville d'Essen est touchée : c'est un centre de production d'armement pour les forces allemandes de Russie. Un moyen pour Churchill d'aider Staline...

Heydrich le bourreau avec ses SS.

Un bombardier Avro Lancaster.

Himmler et Goering.

Essen 1942 : le début des ruines.

La solution finale

Le peuple allemand commence à mesurer les conséquences de la politique hitlérienne, qui s'enfonce dans la démence meurtrière. Hitler, Goering, Himmler et son adjoint Heydrich mettent en place ce qu'ils appellent la « solution finale » : l'extermination des juifs d'Europe, organisée à la conférence de Wannsee, près de Berlin, en janvier 1942. Le crime à l'échelle industrielle…

À Auschwitz, les juifs, par milliers, sont entassés dans des fausses douches et gazés. Puis ils sont brûlés dans les fours crématoires. Après la « Shoah par balles » en Russie, le génocide s'amplifie.

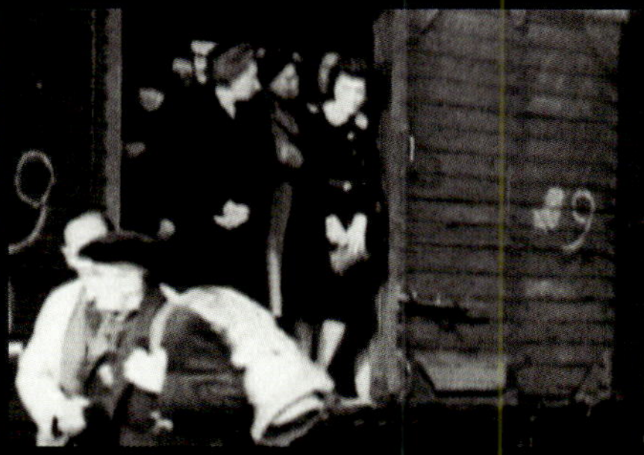

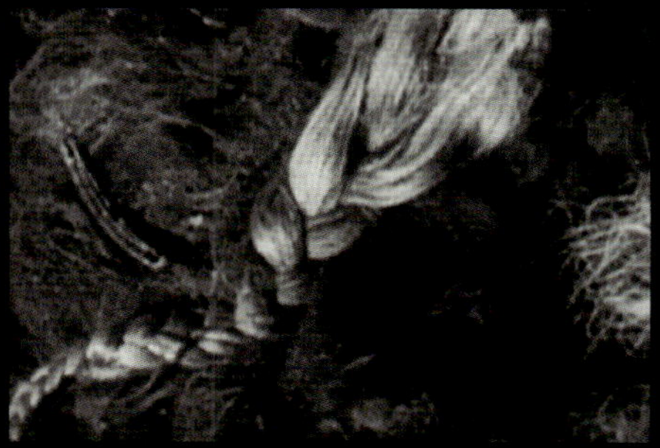

Les prisonniers.

L'armée allemande, gigantesque parasite

Dans l'Europe entière, l'Occupation a amené la misère. Tout est rationné, tout ce que produisent les pays occupés sert à nourrir l'armée allemande, gigantesque parasite.

Des millions d'hommes sont prisonniers en Allemagne. L'un d'entre eux écrit : «J'y ai perdu les cinq plus belles années de ma vie, sans ma femme.»

En France, les attentats contre l'occupant se multiplient, surtout depuis que les communistes ont rejoint la lutte, après l'attaque allemande contre l'Union soviétique. Les attentats contre les Allemands sont suivis d'exécutions d'otages.

De Gaulle dispose maintenant d'une petite armée en Afrique, qui se bat aux côtés des Britanniques.
Les « Français libres », condamnés par le régime de Vichy, se battent depuis le 18 juin 1940. Le plus célèbre d'entre eux est le général Leclerc, de son vrai nom Philippe de Hautecloque. Il a pris ce pseudonyme pour protéger sa famille restée en France. Promu général par de Gaulle, il avait bricolé un vague képi, avec deux étoiles récupérées sur un Italien après le combat victorieux de Koufra, en Libye. Ce jour-là, Leclerc avait dit à ses hommes : « Jurez de ne déposer les armes que lorsque notre drapeau flottera à nouveau sur la cathédrale de Strasbourg. »

Le général de Gaulle passe en revue Français libres et Anglais en Égypte.

Le général Leclerc.

Bir Hakeim

À Bir Hakeim, dans le désert de Libye, d'autres Français libres arrêtent, pendant quinze jours, l'offensive allemande de l'Afrika Korps de Rommel. Dans ce conflit planétaire, l'Axe – l'alliance de l'Allemagne, de l'Italie, et du Japon – domine tous les fronts. L'Afrika Korps est aux portes de l'Égypte, la Wehrmacht occupe le tiers de la Russie, la marine impériale japonaise contrôle le Pacifique et les sous-marins allemands ravagent l'Atlantique. Ils coulent quatre millions de tonnes de navires alliés dans ces premiers mois de 1942. Malgré l'entrée de l'Amérique dans le conflit, la guerre semble perdue.
L'un des plus grands écrivains du XXe siècle, Stefan Zweig, autrichien, juif, en exil, se suicide en laissant ces mots : « Le monde de mon langage a disparu, et ma patrie spirituelle, l'Europe, s'est détruite elle-même. Il vaut mieux mettre fin à temps, et la tête haute, à une existence où le travail intellectuel a toujours été la joie la plus pure, et la liberté individuelle, le bien suprême de ce monde. »

Bir Hakeim : la légion étrangère se sacrifie pour retarder Rommel.

New York 1941.

Aux États-Unis, la psychose d'un débarquement ennemi

New York 1942. La radio et la presse américaines s'égarent, propagent la crainte d'un bombardement allemand, mais aucun avion n'a, à l'époque, un rayon d'action suffisant depuis l'Europe. Pourtant, l'ordre est donné d'occulter les lumières. La psychose s'empare surtout de la côte ouest où l'idée du débarquement japonais est plus crédible. Du coup, les cent vingt mille Américains d'origine japonaise deviennent suspects. Beaucoup vivent en Californie depuis des générations ; ils ont mis en valeur les cultures et le commerce, ils ont la citoyenneté américaine. Ils sont arrêtés. Leurs maisons et leurs boutiques doivent êtres vendues dans les quarante-huit heures. Ils sont embarqués vers des baraquements perdus,

Départ des citoyens américains d'origine japonaise pour les camps.

Malgré tout, les Américains d'origine japonaise restent très patriotes.

dans le désert de l'Utah ou dans les neiges de l'Oregon, qualifiés pudiquement de camps d'internement… mais qui en rappellent d'autres. Rien n'entamera leur fidélité à l'Amérique. Six mille d'entre eux serviront de traducteurs dans le Pacifique, près de vingt mille iront se battre contre les Allemands en Europe. Les autres seront libérés à la fin de la guerre.

Le programme de la victoire

En 1942, l'Amérique se mobilise. Soit onze millions d'hommes et six millions de femmes pour les remplacer dans les usines d'armement. Roosevelt donne comme objectif la production de soixante mille avions, soixante-quinze mille tanks et dix millions de tonnes de bateaux. C'est le « programme de la victoire ». Une victoire incertaine et lointaine. Pour rassurer l'opinion publique américaine, il faut un exploit immédiat. Bombarder le Japon ! Aucun avion n'a le rayon d'action suffisant ; un plan audacieux est alors mis au point. Un porte-avions, le *Hornet*, embarque seize bombardiers B25. Il va tenter de s'approcher le plus possible du Japon. Jamais des avions aussi gros n'ont décollé du pont exigu d'un porte-avions. Les équipages ont été entraînés par un célèbre pilote de course devenu colonel dans l'Air Force, Jimmy Doolittle, qui va conduire le raid. Mission impossible : pour la longue traversée jusqu'au Japon, ses avions sont trop lourds en bombes et en essence. Et pourtant, ce 18 avril 1942, ils parviennent à décoller.

Un grand film à succès, *Trente secondes sur Tokyo*, célébrera leur action : quelques tonnes de bombes, peu de dommages, mais une énorme gifle à l'empire du Soleil-Levant. La plupart des avions américains réussiront à rejoindre les territoires non occupés de Chine. Doolittle deviendra général et l'un des chefs de l'aviation américaine.

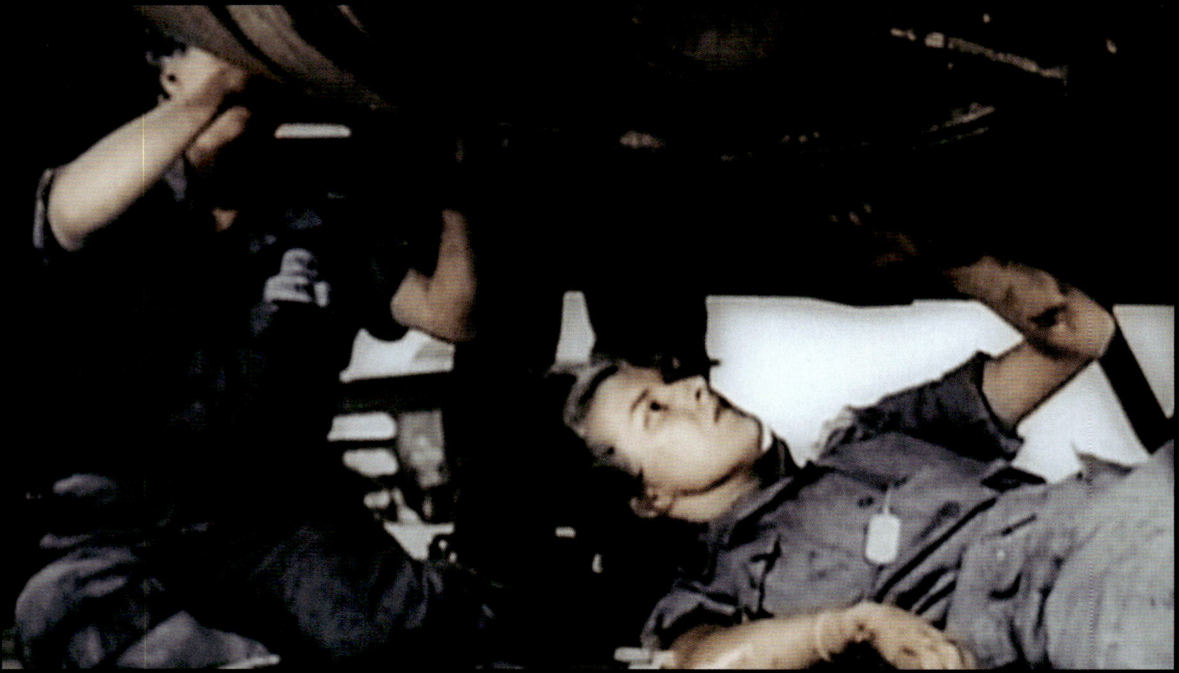

Départ des B25 Mitchell sur le porte-avions *Hornet* pour le raid sur le Japon.

Jimmy Doolittle et ses pilotes.

Au-dessus du Pacifique, vers le Japon.

« Trente secondes sur Tokyo. »

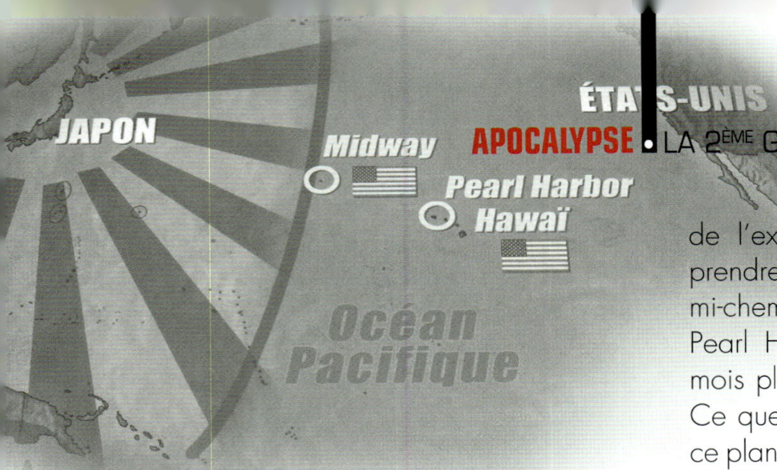

Un aviateur américain du raid sur Tokyo est capturé et exécuté.

Midway

Seule ombre au tableau : un équipage américain est tombé en territoire japonais. La vengeance sera implacable. Jugés pour « crimes de guerre », les pilotes seront tous condamnés à mort.
Pour le Premier ministre japonais, le général Tojo, et pour l'amiral Yamamoto, ce raid américain prouve qu'il faut sécuriser le périmètre

L'amiral Chester Nimitz.

de l'expansion japonaise. Leur plan est de prendre l'îlot de Midway, base américaine à mi-chemin du Pacifique, puis de débarquer à Pearl Harbor, ce qu'ils auraient dû faire six mois plus tôt.
Ce que les Japonais ne savent pas, c'est que ce plan est connu des Américains, qui ont réussi l'exploit de déchiffrer leur code secret. Le commandant en chef américain, l'amiral Chester Nimitz, peut préparer la défense de Midway. Il a moins de porte-avions que Yamamoto, mais il les rassemble sur place, en embuscade.

Le 3 juin 1942, l'amiral Yamamoto approche, à la tête de la plus grande escadre jamais réunie : deux cents navires de guerre, avec huit porte-avions transportant près de six cents avions, et cinq mille fusiliers marins. Il y a même un peintre pour immortaliser le fait d'armes : Tsuguharu Fujita (1886-1968), le peintre des femmes et des chats, à la figuration parfois faussement naïve et à la technique mystérieuse, l'un des plus célèbres artistes de Montparnasse, rentré au Japon faire son devoir.

Marins japonais.

Un très grand peintre de Montparnasse revenu se mettre au service de sa patrie : Fujita immortalise la flotte japonaise en route pour Midway.

Du côté américain, c'est John Ford (1894-1973), le très grand metteur en scène de *La Chevauchée fantastique*, des *Raisins de la colère* ou de *L'Homme tranquille*, quatre fois lauréat de l'oscar du meilleur réalisateur (le record à ce jour), qui est mobilisé pour illustrer la défense de Midway. La veille de la bataille, il parvient à recréer l'atmosphère de ses westerns, avant le duel final au revolver.
Les marines savent que l'attaque est pour le lendemain. Et, à 5 heures du matin, Ford filme la première attaque japonaise qui ravage la base américaine. Une bombe japonaise explose trop près du cinéaste et le blesse grièvement ; il perdra un œil.

De leur côté, les Américains mobilisent le grand réalisateur John Ford.

B·11

Les avions japonais reviennent de leur attaque sur Midway et n'ont plus de porte-avions.

Midway, l'incroyable victoire américaine

Les pilotes américains décollent alors pour riposter et attaquer la flotte japonaise. La préparation de la deuxième vague d'assaut sur Midway est en cours : les Japonais n'ont pas terminé le ravitaillement en essence et en bombes. Un coup de chance inouï pour les Américains, qui coulent quatre porte-avions ennemis. Arrivent alors les avions qui avaient attaqué Midway en début de matinée et qui sont de retour à la base, mais aucun porte-avions n'est là pour les accueillir : ils viennent tous d'être coulés. Les uns après les autres, à court d'essence, les avions se posent sur la mer au milieu des requins. Cette défaite japonaise, la première, ranime le moral des Alliés. « On a repris confiance », dit Churchill.

Les pilotes japonais se posent sur la mer.

L'Australie dans la ligne de mire

Pourtant, le Japon ne paraît pas affaibli. Bloqué à Midway, au centre du Pacifique, il continue sa progression vers le Sud, en direction de l'Australie, en continuant à débarquer des renforts de fusiliers-marins en Nouvelle-Guinée. Les Australiennes creusent des tranchées pendant que leurs fiancés s'efforcent de contrer les Japonais en Nouvelle-Guinée. Une île immense, difficilement pénétrable, jusque-là fréquentée plutôt par les explorateurs. Les Papous se révèlent de précieux auxiliaires ces Australiens. Une guerre désespérante contre les moustiques, les fourmis rouges, les sangsues, les serpents… et les Japonais.

Une lutte désespérante contre…

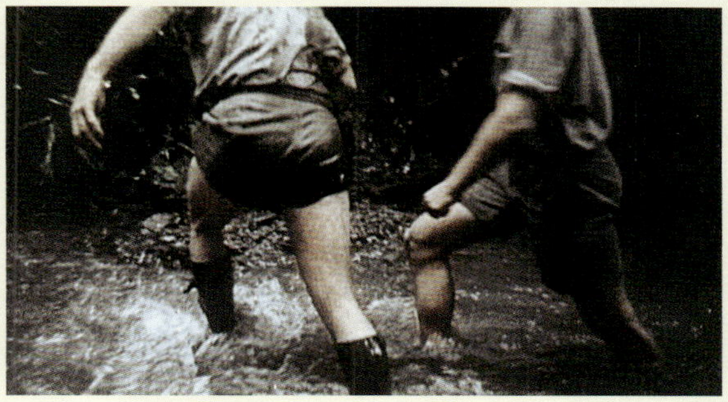

les moustiques, les sangsues, les serpents...

... et les Japonais.

Mais c'est maintenant l'île de Guadalcanal qui inquiète les Américains. Un de leurs appareils de reconnaissance révèle que les Japonais construisent une piste d'aviation. Une nouvelle menace contre l'Australie...

Guadalcanal : le débarquement.

La jungle fait peur.

Les Japonais les attendent.

Le premier débarquement américain

Les Américains organisent alors le premier grand débarquement de la guerre. Le 7 août 1942, les marines envahissent les plages sans rencontrer de résistance et s'enfoncent dans la jungle. L'un d'entre eux, Edwin Morgan, raconte : « Nous avons fait connaissance avec la jungle. C'est plein de bruits suspects qui font peur. Moi, j'avais peur. Mais on s'est dit : Y a pas de raison que les Japonais soient meilleurs que nous. Ils habitent tous dans des villes. Y a pas de jungle au Japon. » Les marines sont des pros et les Japonais, des fanatiques. Ils chargent à la baïonnette, comme pendant la Première Guerre mondiale, contre les mitrailleuses américaines. Résultat : c'est l'hécatombe du côté japonais. Neuf cents hommes trouvent la mort dans la bataille de la rivière de Tenaru. Après cela, les marines peuvent capturer l'aérodrome, le sécuriser, agrandir la piste et faire atterrir leurs avions. Mais ce terrain d'aviation devient la cible permanente des canons japonais. La nuit, leurs croiseurs se glissent le long de la côte pour les pilonner, avec une telle régularité que les marines l'appellent l'« Express de Tokyo ».

Le combat dans la jungle.

La bataille décisive : les morts japonais.

Une première victoire à Guadalcanal.

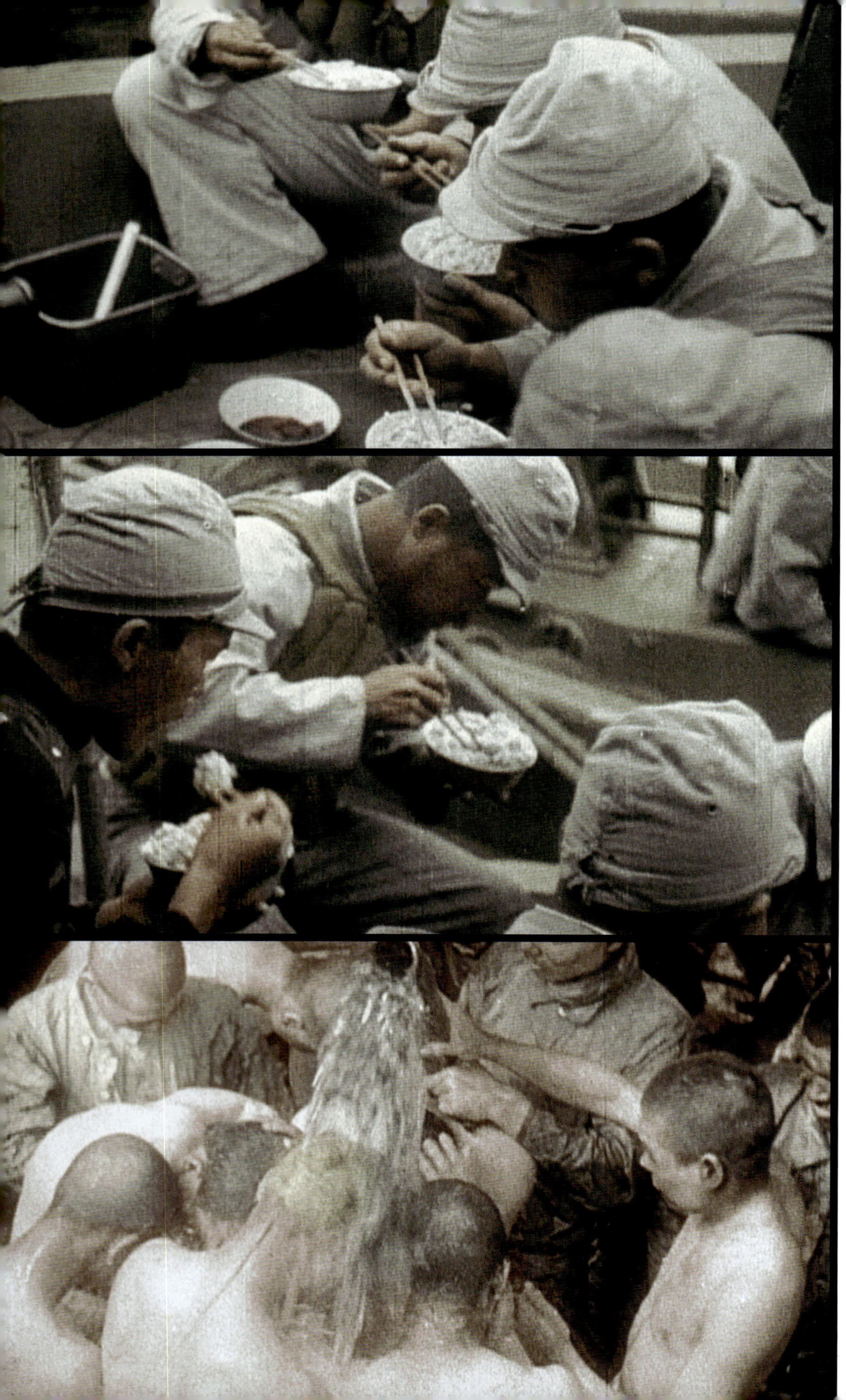

Une guerre d'usure dans le Pacifique

Une bataille navale s'engage pour empêcher les renforts japonais de débarquer. Un régiment d'élite y parvient malgré tout, toujours les fusiliers-marins – de redoutables guerriers. Mais ils partent se battre sans la moindre protection contre les maladies tropicales : le paludisme en tuera la moitié. L'autre se sacrifiera, toujours au nom du *Bushido*. Celui qui les commande, le colonel Ichiki, leur rappelle la devise des samouraïs : « Le devoir est lourd comme une montagne, mais la mort du soldat est légère comme une plume. »

À bord des bateaux de renforts japonais.

Les combats de Guadalcanal ne font que commencer. Ils vont durer six mois. Une guerre d'usure… Les marines se sentent pris au piège de ce qu'ils appellent l'« enfer vert ».
C'est aussi, au même moment, le calvaire de l'armée rouge. Les Russes l'appellent l'« été noir de 1942 ».

Retour sur le front de l'Est

Les Allemands ont repris leur marche vers l'Est et font de nouveau des prisonniers, mais moins que l'année précédente, car la plupart du temps les Soviétiques se retirent devant eux en ne laissant que de la « terre brûlée ». Ce qu'Hitler prend pour une fuite est un ordre de Staline.

Prisonniers russes de l'été 1942.

Mais pour les *Landsers*, les soldats de la Wehrmacht, chaque ville prise l'est au prix d'un combat féroce. Hitler jette dans cette fournaise toutes ses ressources, cinq millions d'hommes, mais il estime qu'il lui en manque encore huit cent mille pour ce combat décisif. Ce sont ses alliés roumains, hongrois et italiens qui vont les lui fournir. La plupart sont forcés de se battre pour lui. Des Italiens que la seule mégalomanie de Mussolini aura jetés dans cette guerre. Sur trois cent mille hommes, dix mille seulement rentreront chez eux.

Les soldats italiens.

Deux objectifs : le pétrole du Caucase et les usines de Stalingrad

L'objectif d'Hitler n'est plus Moscou mais le Sud de la Russie. Il a conçu un vaste mouvement de tenaille, qui se refermera sur le pétrole du Caucase et celui du Moyen-Orient, avec Rommel qui continue à avancer en Égypte. L'autre objectif : Stalingrad – la ville de Staline – et ses usines. Hitler déclenche les deux offensives en même temps. Ce qui inquiète son état-major. Le Führer divise ses forces, comme pour Moscou l'année précédente. Une partie de la Wehrmacht s'enfonce donc dans le Caucase. Pendant ce temps, le reste des forces allemandes, la 6e armée du général Paulus, avance vers Stalingrad.

Le chien kamikaze.

Les chiens : l'arme du désespoir

Pour tenter d'arrêter la progression inexorable des chars allemands, les Russes ont recours à des moyens désespérés : les chiens. Jusqu'ici, la peau de ces chiens servait à fabriquer les bottes des soldats. À présent, et en toute hâte, les Russes mettent au point une technique basée sur les réflexes conditionnés du célèbre savant Pavlov. Les chiens ont été affamés et habitués à chercher leur nourriture sous un tracteur à chenilles. Ils sont entourés d'une ceinture d'explosifs télécommandée, et lâchés au dernier moment, quand un char allemand se profile à l'horizon.

Le centre de Stalingrad en flammes, avec la fameuse sculpture des danseurs.

La bataille de Stalingrad

Staline nomme à la défense de Stalingrad l'un de ses hommes de main les plus impitoyables, l'Ukrainien Nikita Khrouchtchev, déjà responsable de massacres staliniens avant la guerre. Khrouchtchev transmet l'ordre de Staline de ne plus reculer. Il fera fusiller quinze mille de ses hommes, des soldats soviétiques, pour « manque de courage ». Mais il ne peut empêcher l'avance allemande jusque dans les faubourgs de Stalingrad. La ville est détruite par les Stukas.
Début septembre 1942, Paulus arrive à la ligne de chemin de fer qui va vers Moscou, puis réussit à la remonter, et à prendre la gare centrale de Stalingrad.

Nikita Khrouchtchev.

Les Stukas détruisent la ville.

Les Allemands sont d'abord vainqueurs, mais inquiets.

La mort d'un Allemand.

En quatre semaines de combats acharnés, les Allemands parviennent à gravir le seul point élevé, la colline Mamaiev. De là, ils peuvent contrôler l'ensemble de la ville. Le 15 octobre 1942, ils atteignent leur but, le grand fleuve russe, la Volga. Seule une mince bande de terre est encore aux mains de quelques Soviétiques. Le général Paulus peut donc annoncer au Führer que la 6e armée occupe la ville, sur laquelle flotte désormais la croix gammée.

L'avance des chars de Paulus.

Hitler fait frapper la médaille commémorative de la prise de Stalingrad. Il exulte : « Je voulais la prendre, cette ville de Staline. Nous avons fini par l'avoir ! »

Les Allemands arrivent à la Volga !

Le drapeau à croix gammée flotte sur Stalingrad.

Les renforts de Stalingrad. Ces hommes vont mourir.

Épisode 5

L'Étau

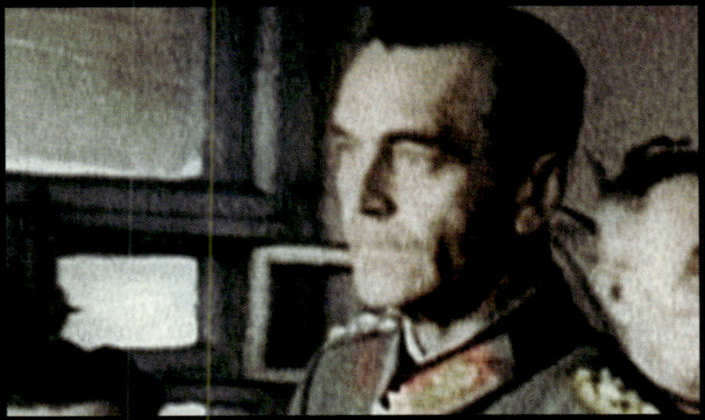

Stalingrad et la Volga.

Quelques dates clés

Septembre 1942-2 février 1943 : bataille de Stalingrad
23 octobre-3 novembre 1942 : seconde bataille d'El Alamein
8 novembre 1942 : opération Torch (débarquement allié en Afrique du Nord)
27 novembre 1942 : opération Lila (sabordage de la flotte française à Toulon)
14-24 janvier 1943 : conférence de Casablanca
19 avril 1943 : révolte du ghetto de Varsovie
5 juillet-23 août 1943 : opération Zitadelle (bataille de Koursk)
25 juillet 1943 : arrestation de Mussolini
23 septembre 1943-27 avril 1945 : République de Salo (Italie)
1943 : construction du mur de l'Atlantique

L'enfer de Stalingrad

Stalingrad, fin octobre 1942. Adossée au fleuve, la ville de la Volga résiste encore. Les soldats allemands écoutent le Führer à la radio : « Nous avons pris Stalingrad. Il ne reste plus que quelques points de résistance. Nous les prendrons les uns après les autres, c'est une question de temps. » Pour Hitler, Stalingrad est devenu le symbole de sa victoire sur la Russie. Mais après deux ans de guerre à l'Est, le front piétine. Les Allemands encerclent toujours Leningrad, qui ne faiblit pas malgré sept cents jours d'un siège interminable. Moscou est un mirage pour les Allemands. Stalingrad tient encore et, contrairement à ce qu'affirme Hitler, les bateaux soviétiques continuent de traverser la Volga pour amener des renforts. Chaque jour, les Russes déversent sur l'autre rive des milliers de jeunes hommes, parfois sans arme ni formation militaire. Ceux qui reculent devant les obus allemands sont impitoyablement abattus par les commissaires politiques.

Un officier russe, le colonel Ludnikov, est catégorique : « Nous nous battons pour chaque mètre de terre. Mais notre mètre est différent du vôtre, c'est le mètre de Stalingrad. Chaque centimètre compte. Nous mordons la terre, et nous ne reculons pas. » Les Allemands cherchent à les débusquer au lance-flammes. C'est l'enfer de Stalingrad.

Gueorgui Joukov.

Le plan de Joukov

Mais voici que le 7 novembre 1942, jour de la fête anniversaire de la révolution, le chef suprême, Staline, prononce ces paroles inattendues : « Demain, on dansera dans nos rues ! » Parce que le général Joukov, l'homme qui a déjà sauvé Moscou, a un plan : tenir ces îlots de résistance jusqu'au bout, pour fixer dans Stalingrad l'armée allemande du général Paulus. Sur l'autre rive de la Volga et dans le plus grand secret, Joukov rassemble une armée. Malgré les destructions et la perte du quart de son territoire, l'Union soviétique tout entière travaille à fournir à cette nouvelle armée du matériel en grand nombre. Les usines déplacées et remontées aux portes de l'Asie tournent maintenant jour et nuit. Là aussi, le sacrifice humain est terrible.

Les soldats russes écoutent le discours de Staline.

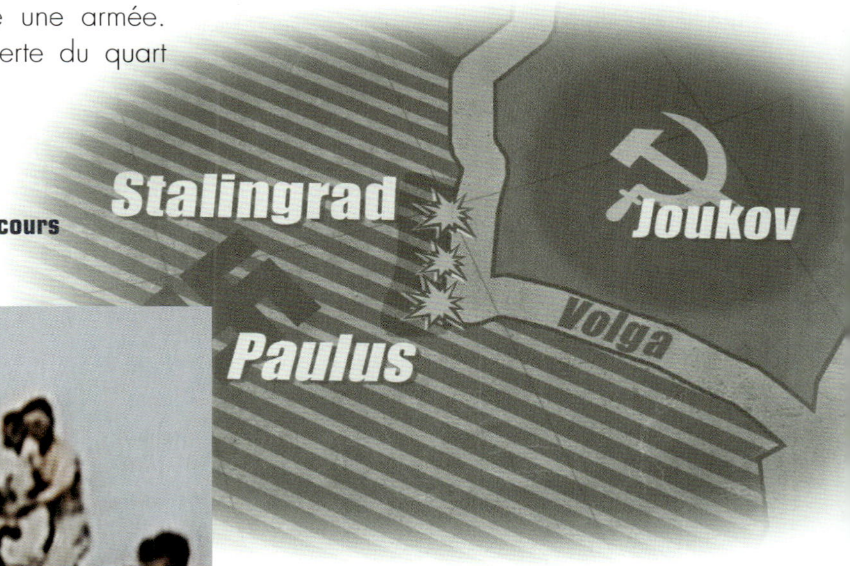

Dans leur avance vers Stalingrad, l'effort des troupes allemandes est démesuré.

Les femmes soviétiques s'épuisent dans les usines d'armement.

Jeeps américaines dans l'armée rouge.

Winston Churchill fait le V de la victoire en rendant visite à son armée du désert.

Durant l'hiver 1942, dans leurs ateliers sans chauffage et parfois même sans toit, les femmes, employées massivement dans les usines, ont froid et faim ; elles meurent d'épuisement. Mais la production industrielle soviétique est décuplée. L'aide américaine à la Russie est maintenant massive. Dans l'Atlantique nord, les Alliés ont réussi à réduire la menace des sous-marins allemands en formant des convois protégés vers les ports soviétiques comme Mourmansk. Les Russes reçoivent d'énormes quantités de jeeps, de chars, d'avions, de camions, et de boîtes de corned-beef. En les ouvrant, les soldats russes plaisantent : « On va ouvrir un second front. » Tous attendent, comme Staline, que les Alliés en fassent plus pour soulager leur misère. Pourquoi ne créent-ils pas ce second front ? Pourquoi ne débarquent-ils pas à l'Ouest ?

El Alamein

Mais les Allemands menacent les Anglais en Égypte. Rommel, qu'Hitler vient de faire maréchal pour ses victoires dans le désert, et son armée blindée, l'Afrika Korps, avancent dangereusement vers le canal de Suez. Ils ont atteint El Alamein. Le Premier ministre, Winston Churchill, vient encourager son armée du désert. Malgré la gravité du moment, il ne perd pas son sens de l'humour : « Le secret de la santé, c'est boire, fumer et, surtout, ne pas faire de sport. » Et pourtant il se remet à peine de son premier infarctus… Il retrouve le général Montgomery, tout juste nommé.

Montgomery inquiète tous ces soldats du désert – les Anglais, les Australiens, les Néo-Zélandais, les Sud-Africains ou les Français libres. Parce que ce fils de pasteur leur impose, dès son arrivée, une nouvelle discipline et une règle de vie rigide. L'un de ses officiers, le capitaine Belchem, se rappelle : « Ce qui nous a frappés, c'est qu'il était petit et maigre. Il n'était pas bronzé, comme nous autres. Il nous a dit quelques mots de circonstance : "Nous allons nous battre à El Alamein, et nous en sortirons, vivants ou morts !" Et il a affiché dans sa tente un portrait de Rommel. » Montgomery est le contraire de Rommel. Il est prudent, il attend d'avoir la supériorité en hommes et en matériel. Le 23 octobre 1942, il déclenche son offensive dans le plus pur style de la Première Guerre mondiale, avec une préparation d'artillerie puis une attaque massive de chars, qui se révèle très coûteuse à cause des canons de 88 allemands. La bataille tourne à la charge à la baïonnette, comme dans la Somme en 1916, avec de lourdes pertes des deux côtés. À ce jeu mortel, c'est celui qui a le plus d'hommes qui gagne.

Le général Bernard Montgomery.

L'attaque britannique à El Alamein.

Les chars de la VIe armée britannique attaquent...

Ils sont contrés par le formidable canon allemand de 88 mm.

La défaite de Rommel

Rommel écrit : « Nous sommes tout simplement écrasés par le poids de l'ennemi. Je cherche un moyen de tirer de là nos troupes. Nous allons vers les jours les plus difficiles qu'un homme puisse traverser. Les morts sont heureux. Pour eux tout est fini. » Rommel bat en retraite. Il sauve ses hommes en volant l'essence de ses alliés italiens qui se retrouvent prisonniers, alors qu'ils se sont battus avec courage.

Rommel dit : « Les morts sont heureux, pour eux tout est fini. »

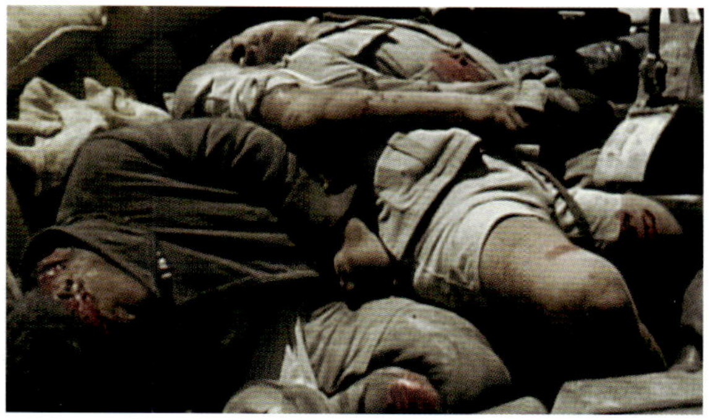

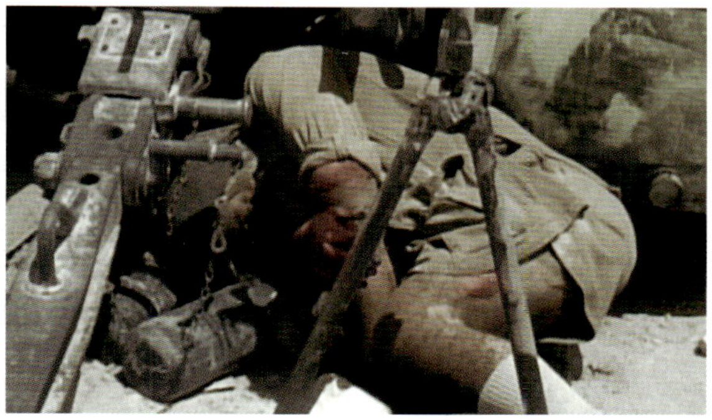

Les Britanniques font de très nombreux prisonniers italiens.

Prisonniers italiens.

À Londres, Churchill annonce à son peuple la première vraie bonne nouvelle de la guerre. Il prononce l'un de ses discours les plus célèbres : « Ce n'est pas la fin, ni même le commencement de la fin, mais c'est peut-être la fin du commencement ! » Les Alliés ouvrent ce « nouveau front » en Afrique du Nord.

Le débarquement allié en Afrique du Nord

Comme en 1917, les soldats américains traversent l'Atlantique. Saint-Exupéry, en exil à New York, reviendra d'Amérique à bord de l'un de ces transports de troupes. L'auteur du *Petit Prince* écrit : « Amis d'Amérique, je voudrais vous rendre pleinement justice. Cinquante mille de vos soldats partaient en guerre, pour sauver non les États-Unis, mais l'homme lui-même, le respect de l'homme, la liberté de l'homme, la grandeur de l'homme. » Les Américains et les Anglais sont accueillis à coups de canon par les Français devant Casablanca et Oran. L'Afrique du Nord est toujours aux mains du régime de Vichy, collaborateur des Allemands. Les combats sont violents et les dégâts importants chez les vichystes. Après deux jours de cette lutte fratricide, le calme revient. Les Alliés consolident leur débarquement. À Alger, le commandant en chef américain, le général Eisenhower, pragmatique, négocie avec le chef des vichystes, l'amiral Darlan, pourtant l'un des pires collaborateurs, un de ceux qui a serré la main d'Hitler. Mais Darlan change de camp et, avec lui, les forces françaises d'Algérie et du Maroc passent du côté allié. Quelques semaines après, Darlan sera assassiné par un résistant.

Comme en 1917, les Américains viennent au secours...

Zouaves de l'armée d'Afrique, novembre 1942.

La campagne de Tunisie

Les Français d'Afrique du Nord, soulagés, accueillent chaleureusement les Américains. Les zouaves de l'armée d'Afrique, eux aussi, sont soulagés. Ils n'ont jamais eu envie de tirer sur les Américains, et ils vont bientôt entrer dans la guerre à leurs côtés, comme tous les pieds-noirs et ceux que l'on appelle alors les « indigènes », qui formeront des unités de tirailleurs marocains et algériens. Tous vont partir pour une nouvelle guerre : celle de Tunisie.

Un tirailleur « indigène ».

Les « indigènes » et les « pieds-noirs » sont mobilisés par milliers.

Hitler a pris de vitesse les Alliés en occupant, le 9 novembre 1942, Tunis, encore aux mains des autorités vichystes, qui laissent les Allemands s'installer. De son côté, Rommel recule vers la Tunisie, qui va désormais être un « théâtre d'opérations » sanglant.

Le sabordage de la flotte française à Toulon.

L'invasion de la « zone libre » par les Allemands

Deux jours plus tard, le 11 novembre, pour sécuriser la côte méditerranéenne, Hitler envahit le Sud de la France jusqu'ici non occupé – la « zone libre ». L'ordre d'Hitler est de capturer le port de Toulon, où est concentrée la flotte française. Les amiraux vichystes choisissent alors le sabordage : couler eux-mêmes leurs navires, pour ne pas les laisser tomber aux mains des Allemands… ni des Alliés. Triste conséquence de la politique de Pétain. Mais une mauvaise nouvelle pour Hitler.

Carl de Brouwer, « Juste parmi les nations ».

Monique Mogoulsky.

Les Justes

L'arrivée des Allemands sème aussitôt la terreur dans l'ex-zone libre, où beaucoup de juifs avaient trouvé un refuge relatif. Dans cette atmosphère sinistre de rafles et de dénonciations, qui s'intensifie dans toute l'Europe, des enfants sont sauvés par des familles courageuses, comme celle de Carl de Brouwer, directeur de banque belge qui a quatre enfants et qui a recueilli, avec sa femme Denise, deux enfants juifs : Monique Mogoulsky, douze ans, fille d'un ingénieur, qui lui aussi se

cache quelque part, et Adrien Sapcaru, six ans. Sa mère a été arrêtée et déportée dans un « camp de travail » à l'Est. Elle ne reviendra jamais d'Auschwitz. Ils sont nombreux maintenant à se douter que les mots utilisés par les Occupants, comme « camp de travail », signifient la mort. Carl et Denise de Brouwer, héros du quotidien, recevront un jour le titre de Justes parmi les nations, comme dix-neuf mille hommes et femmes de toute l'Europe occupée.

Adrien Sapcaru.

L'offensive de Joukov à Stalingrad

Les « orgues de Staline », les lance-roquettes multiples, vont écraser les lignes ennemies.

À Stalingrad, les soldats soviétiques se préparent à l'assaut. Le plan de Joukov est d'attaquer les flancs de l'armée allemande tenus par des armées des pays satellites du Reich – Roumains, Hongrois et Italiens, considérés comme plus faibles que les Allemands –, et d'encercler la 6e armée de Paulus, qui est toujours dans la ville. Le 19 novembre 1942, à 5 heures du matin, trois mille canons et « orgues de Staline » écrasent les lignes ennemies. Les deux branches font leur jonction à Kalatch, sur le Don, le 23 novembre 1942. Les Allemands voient les chars russes refermer le cercle autour d'eux. La 6e armée du général Paulus est prise au piège de Stalingrad.

19 novembre 1942 : l'artillerie soviétique se déchaîne.

L'attaque des chars russes.

L'enfer se déchaîne sur les Allemands.

Le Berghof, le chalet d'Hitler à Berchtesgaden, dans les Alpes de Bavière, étroitement surveillé par les gardes SS de la division Leibstandarte Adolf Hitler.

La réaction d'Hitler

Hitler est dans son chalet du Berghof, à Berchtesgaden, son repaire des Alpes bavaroises. C'est là qu'il apprend la nouvelle de l'offensive soviétique. Sa première réaction est de dire à son entourage : « Il faut cacher cette nouvelle au peuple allemand. » Il part aussitôt pour son quartier général de Prusse orientale en précisant : « Si la 6e armée se retire de Stalingrad, la Wehrmacht n'y retournera jamais. » En arrivant à la Tanière du loup, son quartier général, il envoie ce message à Paulus : « Restez sur place. Une armée va venir vous délivrer. » Paulus pourrait encore briser l'encerclement, mais il lui faudrait désobéir. Aucune armée ne parviendra jusqu'à lui et les avions de la Luftwaffe seront incapables de ravitailler l'armée encerclée, malgré les promesses de Goering.

Hitler doit prendre la décision la plus grave de sa vie.

Hitler se rend à son quartier général de la Tanière du loup en Prusse orientale.

« Pardon de t'avoir causé du chagrin. »

Les soldats allemands meurent de faim

À Noël, la ration des soldats allemands de Stalingrad est réduite à cinquante grammes de pain et douze grammes de graisse.
Le soldat infirmier Paul Gerhardt Müller, trente ans, écrit : « Ma très chère Magdalena ! Cette lettre est une tentative, probablement la dernière, d'entrer en contact avec le monde extérieur. Mon amour ! Je ne veux pas te faire de peine inutilement, mais tu dois savoir ce qu'il en est ici. Tous ces blessés ! La misère de la situation actuelle dépasse de loin ce que nous avons vécu. Je te remercie encore une fois pour toute ta fidélité et ton amour. Je t'ai trop souvent causé du chagrin, cela m'attriste profondément. Pardonne-moi ! »
Le lieutenant von Löbbecke raconte : « Dans nos radios, on entendait un Russe nous répéter, en allemand : "Toutes les sept secondes un soldat allemand meurt en Russie." » Ces soldats allemands, qui meurent par milliers, sont enterrés dans des fosses communes.

Hitler songeur.

« Il faudrait faire la paix avec Staline »

Mussolini, qui vient de perdre une armée à Stalingrad, rencontre Hitler. Il cherche une issue à la guerre. Il dit au Führer : « J'ai la conviction que la Russie ne pourra jamais être détruite. Un territoire aussi vaste ne peut être conquis. Le chapitre russe peut être clos. Il faudrait faire la paix avec Staline. » Que va faire Hitler ? Négocier serait l'aveu d'un énorme échec, celui de toute la campagne de Russie. Pourtant, des pourparlers s'engagent secrètement, par l'entremise du Vatican et de la Suède. Mais les événements ne vont pas laisser le choix à Hitler.

La conférence de Casablanca

Le 13 janvier 1943, à Casablanca, au Maroc, le président des États-Unis, Franklin D. Roosevelt, vient assister à sa première grande conférence outre-Atlantique. Avec Churchill, il veut régler d'abord la délicate question du pouvoir politique dans l'Afrique du Nord libérée. Roosevelt souhaite barrer la route à de Gaulle, qui revendique la légitimité d'incarner la Résistance française depuis 1940 : « Le général de Gaulle est un soldat, patriote, dévoué à son pays, mais c'est un politique et un sectaire, et il y a chez lui, je crois, tous les attributs d'un dictateur. » Roosevelt préfère convoquer à Casablanca l'un des grands chefs français, le général Giraud, fait prisonnier en 1940, qui vient de s'évader d'Allemagne et qui a rejoint

Franklin D. Roosevelt.

l'Afrique du Nord. Churchill continue de soutenir de Gaulle, qu'il fait venir aussi, afin de le réconcilier avec son rival. Or Roosevelt se montre plus chaleureux avec Giraud, ce que de Gaulle n'a pas l'air d'apprécier. Mais tout s'arrange : les Alliés obtiennent de Giraud et de Gaulle une sorte de partage des responsabilités civiles et militaires. Quelques mois plus tard, de Gaulle se débarrassera de Giraud.

Le général Henri Giraud, le président Roosevelt, le général de Gaulle, Winston Churchill.

Pour une « reddition sans condition »

À la conférence de presse de clôture, Roosevelt et Churchill font une déclaration de la plus haute importance. Ils énoncent, avec force, ce qui sera désormais le dogme des Alliés : la « reddition sans condition » de l'Allemagne, du Japon et de l'Italie. Il ne pourra plus jamais être question de négocier. Les Alliés se battront jusqu'au bout contre l'Axe, quel que soit le prix à payer. Nombreux sont ceux qui pensent que cette position radicale, destinée à rassurer les Russes, va souder les Allemands autour de leur Führer. Staline ne peut qu'applaudir. Sa crainte, c'était qu'Hitler n'obtienne une paix séparée des Alliés pour concentrer ses forces contre lui.

Ces images des cameramen soviétiques vont bouleverser le monde : le 31 janvier 1943, un maréchal de l'orgueilleuse armée d'Hitler est capturé !

Le maréchal Paulus est capturé !

Staline peut donc lancer son offensive, le 22 janvier 1943, pour achever la « bête », tapie dans les ruines de Stalingrad. Les Russes atteignent le centre ville et, le 31 janvier, Paulus est fait prisonnier. La veille, Hitler l'a nommé maréchal, pensant que son honneur l'obligerait à se suicider. Mais Paulus, écœuré par l'absurdité des ordres d'Hitler, brisé nerveusement, épuisé par la dysenterie, se laisse capturer.

Pour les Russes, la capture d'un maréchal est évidemment une prise tout à fait exceptionnelle, d'autant plus que c'est Paulus qui avait conçu le plan d'invasion de l'Union soviétique, l'opération Barbarossa. Les Soviétiques n'arrivent pas à y croire. Ils lui demandent son livret militaire, pour s'assurer de son identité.

Paulus va collaborer avec les Russes et faire condamner ses anciens chefs, comme Keitel, au procès de Nuremberg. Puis il choisira de vivre en Allemagne de l'Est. Il a agi surtout par rejet de la folie hitlérienne, comme beaucoup de ses hommes. « Au diable Hitler ! » osent crier les prisonniers allemands avec les quelques mots de russe qu'ils connaissent. « Nous voulons rentrer chez nous ! » On peut imaginer l'émotion de tous les peuples occupés.

Les Russes font défiler interminablement
les prisonniers allemands
dans les ruines de Stalingrad.

Quels que soient les crimes ou les ordres criminels qu'ils ont reçus, ces hommes sont aussi des victimes d'Hitler. Ils partent pour la Sibérie. Un sur dix en reviendra, une décennie plus tard.

Goebbels proclame la « guerre totale »

Après la défaite de Stalingrad, l'espoir renaît. Hitler parle de sacrifice : « Il ne faut pas employer le mot "capitulation". Il faut expliquer que nos hommes n'ont pas eu de rcvitaillement, c'est pourquoi ils ont été battus. Il faut employer le mot "sacrifice". » Les nazis veulent tirer de ce désastre national le moyen de galvaniser le peuple allemand. Le ministre de la Propagande, Joseph Goebbels, se charge de la mobilisation générale de toutes les énergies et de toutes les ressources. Le 18 février 1943, au Palais des Sports de Berlin, devant un public nazi fanatique et survolté, Goebbels proclame la « guerre totale ». Goebbels hurle à l'assistance : « Je vous demande : voulez-vous la guerre totale ? » L'assistance hurle : « Oui ! » Goebbels : « Une guerre encore plus totale et plus radicale que tout ce que nous pouvons imaginer ? » L'assistance : « Oui ! » Goebbels : « Peuple, lève-toi ! Tempête, déchaîne-toi ! »

Albert Speer et Joseph Goebbels, les complices de la folie d'Hitler.

Albert Speer : le « seul ami » d'Hitler, un nazi implacable

Albert Speer va donner à Hitler les moyens de la guerre totale. Hitler dit de lui qu'il est son seul ami. Il a fait de cet architecte de trente-huit ans, qui a construit ses palais de mégalomane, son ministre de l'Armement. Parce qu'il est un remarquable organisateur, mais surtout un nazi implacable, Speer donne un nouvel élan à l'industrie de guerre allemande. Il fait rafler quatre millions de civils soviétiques et les fait travailler jusqu'à l'épuisement et la mort.

Ami, entends-tu le vol noir des corbeaux sur nos plaines?
Ami, entends-tu les cris sourds du pays qu'on enchaîne?
Ohé, partisans, ouvriers et paysans, c'est l'alarme!
Ce soir l'ennemi connaîtra le prix du sang et des larmes…

(Extrait du *Chant des partisans*)

Le Chant des partisans

Après la Russie et la Pologne, c'est lc France occupée qui fournit le plus gros contingent de travailleurs aux nazis. Le régime de Vichy institue le Service du travail obligatoire (STO) et recrute six cent mille ouvriers pour l'Allemagne. Les réfractaires au STO s'enfuient dans les forêts pour renforcer les maquis. Ces groupes de résistants ont un hymne, le *Chant des partisans*, écrit en 1943 à Londres par Maurice Druon et son oncle Joseph Kessel. C'est Anna Marly, une réfugiée russe, qui composa la célèbre musique en reprenant un chant de la révolution de 1917.
Les armées de l'ombre se constituent dans tous les pays occupés – en Yougoslavie, en Grèce, en Russie…

Départ d'ouvriers français pour l'Allemagne. Cette réquisition, appelée STO (Service du travail obligatoire), alimente les maquis de tous les réfractaires.

Une résistante de l'armée de Tito en Yougoslavie.

Le ghetto de Varsovie, AVANT

Des résistants, il y en a aussi derrière les murs du ghetto de Varsovie, où ils se soulèvent, le 19 avril 1943.
Avant la guerre, le ghetto de Varsovie était un quartier animé, libre, peuplé de juifs tout droit sortis des romans yiddish de Sholem Aleichem, qui écrivait : « Que tous se rappellent de nous en souriant. »

Le ghetto de Varsovie, APRÈS

Les nazis ont fait du ghetto une prison surpeuplée, où l'on croise des femmes hurlant leur douleur d'avoir perdu leur enfant...
Les nazis ont organisé la famine pour tuer, affaiblir et empêcher toute révolte, mais les juifs ont réussi à se procurer des armes, et ils sont morts en combattant. Les survivants sont déportés et assassinés au camp d'extermination de Treblinka. Le ghetto est totalement rasé.

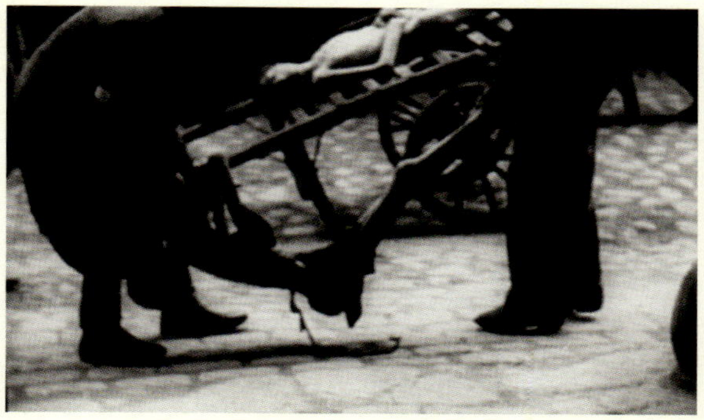

Les nazis ont maté l'insurrection et rassemblé les survivants, qui vont être exécutés.

Prisonniers allemands au Texas.

Hitler en 1943 : sa célèbre moustache a blanchi.

Le 7 mai 1943, les Alliés entrent dans Tunis. Rommel parvient à s'échapper, mais son armée, l'Afrika Korps, est entièrement capturée par les Alliés.

Pendant la guerre, près de quatre cent mille prisonniers de guerre allemands seront transportés au Canada ou dans le Sud des États-Unis, où ils remplaceront la main-d'œuvre locale, mobilisée, dans les champs de tabac de Virginie.

Sur le front de l'Est, depuis la chute de Stalingrad, la Wehrmacht n'est plus la même. Hitler lui-même a changé. L'un de ses généraux, von Senger, est frappé par son aspect : « Sa peau était flasque. Son regard si bleu, qui avait magnétisé les foules, était rougi par l'insomnie. » Son médecin, l'étrange docteur Theo Morell, lui fabrique un collyre à la cocaïne. Morell réussit à le rendre présentable pour les cérémonies, mais Hitler, déjà atteint de la maladie de Parkinson, prend bien garde à retenir son bras gauche, qui a tendance à trembler.

La SS recrute tous azimuts

C'est alors que le chef des SS, Himmler, l'assassin aux petits yeux cruels, prend une nouvelle importance. La SS, issue des jeunesses hitlériennes, était, au début du nazisme, la *Schutzstaffel*, la « Section de protection » des chefs ; ensuite, elle fournit les gardiens des camps de concentration. Elle est maintenant dotée d'une véritable armée, la *Waffen SS* – des troupes d'élite qui doivent, sous les ordres d'Himmler, supplanter un jour la Wehrmacht, qui n'est plus considérée comme parfaitement fidèle.
Himmler recrute de plus en plus de fanatiques dans les pays occupés, par exemple en Bosnie. Dans la partie de la Russie occupée, les SS n'ont pas de mal à recruter deux divisions de cosaques, déjà tristement célèbres du temps du tsar pour leurs pogroms antisémites sanglants. De son côté, la Wehrmacht enrôle un million de prisonniers soviétiques qui n'ont d'autre choix que de mourir de faim ou de combattre aux côtés des Allemands.

Himmler, l'assassin aux petits yeux cruels.

Les SS Totenkopf, « Tête de mort », les gardiens des camps.

Les SS bosniaques.

La Waffen SS, l'armée d'Himmler.

La bataille de Koursk

Hitler reprend espoir. Il a maintenant les moyens de renouer avec son obsession : anéantir l'Armée rouge. Il investit dans de nouveaux matériels, comme le superchar Tigre, produit de l'ingénieur Ferdinand Porsche, qui se consacrera plus tard aux automobiles... Fort de son canon de 88, le meilleur de la guerre, et de son Tigre, qui vaut dix chars alliés, Hitler veut attaquer Koursk. Les Russes se sont imprudemment enfoncés dans le dispositif allemand, offrant l'occasion rêvée de les encercler et de les détruire. C'est l'opération Zitadelle. Le plus grand affrontement de blindés de l'histoire : deux mille sept cents chars allemands affrontent trois mille six cents chars soviétiques, mais la supériorité technique du Tigre est écrasante. Hitler est sûr de son coup. Il a placé à la tête de six cent mille soldats celui qui lui avait permis de gagner la bataille de France, le maréchal Erich von Manstein. L'offensive des Tigre parvient à percer les lignes soviétiques, mais se heurte à une violente défense antichar russe et à d'énormes concentrations de blindés.

Le maréchal von Manstein.

Le char allemand Tigre, le plus puissant de la guerre, dû au génie de l'ingénieur Ferdinand Porsche, avec son canon de 88 mm.

Koursk, la plus grande bataille de chars de l'histoire.

Partout les soldats de la Wehrmacht sont repoussés. Ils ont l'impression que l'ennemi sait exactement où ils vont attaquer et que, à chaque fois, les chars russes T34 sont là, en embuscade. La raison en est qu'*Enigma*, la machine allemande à crypter les messages, a été capturée et décodée par les Britanniques. Ils peuvent désormais lire en clair tous les ordres les plus secrets.

Churchill interdit la communication de ces informations aux Russes, afin de ne pas éveiller les soupçons des Allemands. Mais les puissants services secrets soviétiques en Grande-Bretagne ont réussi à transmettre les décodages des plans d'opération à Moscou. Cette guerre est aussi celle de l'espionnage. À Koursk, le résultat est terrible pour les Allemands, qui ont déjà perdu cinquante mille hommes dans cette bataille.

La rencontre décisive entre Hitler et Manstein. Manstein montre le tableau des pertes et supplie Hitler de continuer l'offensive.

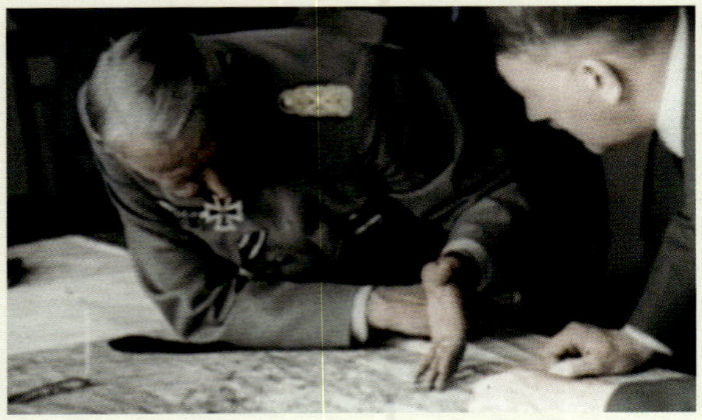

Hitler sur la défensive

Manstein veut des renforts pour continuer son offensive. Il attend Hitler. Dès qu'il se trouve en présence du Führer, il lui dit : « Nous avons eu des pertes, mais les Russes en ont eu bien plus que nous. » Hitler se montre très hésitant. Il bafouille des lieux communs. Manstein écrira : « Il me fait l'effet d'être faible. » Cette impression se confirme quand Manstein montre à Hitler le tableau des pertes de Koursk.

La guerre a déjà coûté à l'Allemagne deux millions de soldats tués, blessés ou disparus. Hitler passe alors à une phase défensive, et Koursk devient le tournant de la guerre. Manstein considère que rien n'est encore perdu ; pas Hitler. Manstein le supplie de reprendre l'offensive ; Hitler refuse. Pour lui, la bataille de Koursk est terminée. L'urgence, c'est d'envoyer les renforts en Sicile, où les Alliés viennent de débarquer.

Les Américains en Sicile.

La forteresse Europe et défendue par le mur de l'Atlantique.

Vers le jour le plus long

Pour Hitler, il faut avant tout empêcher d'autres débarquements alliés, en Italie et surtout en France. Objectif : défendre la forteresse Europe, dont le symbole est l'incroyable mur de l'Atlantique, une succession de fortifications qui s'étendent de la Norvège à la frontière espagnole. Rommel est chargé de la défense de cette forteresse : « Nous devons absolument repousser les Anglais et les Américains sur les plages. Après, il sera trop tard. Le premier jour du débarquement sera décisif. Ce sera le jour le plus long. »

L'étau se resserre

Les événements se précipitent. Hitler ne peut que retarder l'avance des Alliés. Il lui est impossible d'empêcher la chute de Mussolini, qui entraîne la capitulation et le changement de camp de l'Italie. Le nouveau gouvernement italien emprisonne Mussolini dans la montagne ; Hitler envoie un commando de parachutistes pour le délivrer. Il cherche à rétablir l'autorité de Mussolini et le renvoie dans le Nord de l'Italie recréer un État fasciste, avec l'aide de l'armée allemande. Celle-ci envahit le pays et n'hésite pas à tirer sur ses anciens alliés, qui tentent de résister. Rome est occupée et les juifs sont aussitôt pourchassés.

Rommel dit : « Le premier jour du débarquement sera le jour le plus long. »

La sinistre porte des camps

Épisode 6

L'Enfer

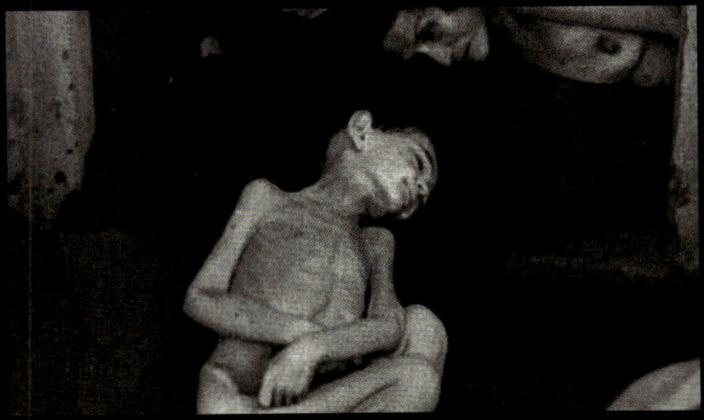

Quelques dates clés

10 juillet-17 août 1943 : débarquement de Sicile (opération Husky)
9 septembre 1943 : débarquement allié en Italie (à Salerne)
6 novembre 1943 : libération de Kiev
23 novembre 1943 : prise de Tarawa
6 juin 1944 : débarquement allié en Normandie
15 juin-9 juillet 1944 : bataille de Saipan
20 juillet 1944 : attentat de Stauffenberg contre Hitler
8 août 1944 : encerclement de la Poche de falaise
20 octobre 1944 : retour du général MacArthur aux Philippines
Décembre 1944-janvier 1945 : siège de Bastogne
27 janvier 1945 : libération d'Auschwitz par l'armée rouge
4-11 février 1945 : conférence de Yalta
13-15 février 1945 : bombardement de Dresde
16 février 1945-26 mars 1945 : bataille d'Iwo Jima
30 avril 1945 : mort d'Hitler
26 juin 1945 : fondation de l'Organisation des Nations unies (ONU) à San Francisco
6 août 1945 : lancement de la première bombe atomique sur Hiroshima
9 août 1945 : lancement de la seconde bombe atomique sur Nagasaki
2 septembre 1945 : capitulation du Japon
14 novembre 1945-1er octobre 1946 : procès international de Nuremberg

La bataille d'Italie

Les Alliés ont débarqué en Italie, occupée par les Allemands. Les armées américaines, anglaises, canadiennes et françaises sont bloquées dans leur avance vers le Nord, où règne encore Mussolini, par une solide défense allemande, la ligne Gustav, à la hauteur du mont Cassin. À son sommet trône le monastère de Saint-Benoît. Les Alliés soupçonnent les Allemands d'avoir transformé ce trésor historique millénaire en poste d'observation. Deux cent vingt-quatre bombardiers alliés vont larguer quatre cent vingt tonnes de bombes sur le monastère. Le 15 mars 1944, les troupes britanniques montent à l'assaut du mont Cassin, mais les parachutistes allemands les repoussent. Ces troupes de choc allemandes sont désormais solidement retranchées dans les ruines du monastère. Le bombardement n'a servi à rien et la ligne Gustav est toujours infranchissable. Pourtant Churchill avait proclamé : « L'Italie, c'est le ventre mou de l'Europe ! »

Le monastère de Saint-Benoît sur le mont Cassin.

Les Britanniques se lancent à l'assaut du mont Cassin.

Mais ils sont arrêtés par les parachutistes allemands retranchés dans les ruines du monastère.

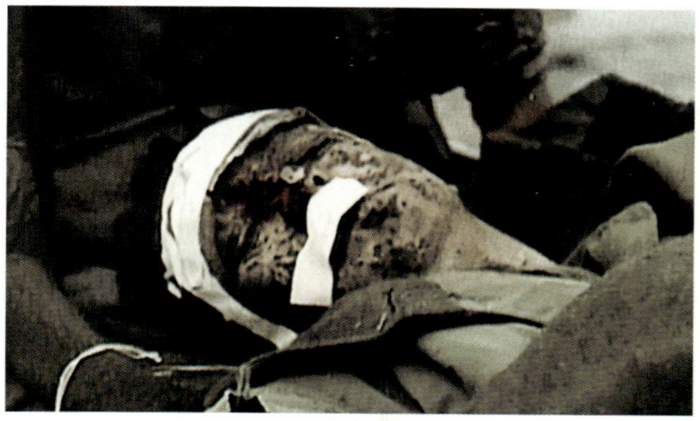
Ce fut un massacre par un froid glacial.

Les Allemands en retraite détruisent l'Ukraine.

5 juin 1944 : la libération de Rome

En Italie, les mois passent et la Wehrmacht tient toujours la ligne Gustav et le mont Cassin. Ce sont les troupes françaises du général Juin qui réussiront à débloquer la situation en traversant un fleuve, le Garigliano, et en gravissant ses pentes escarpées. Pour les Allemands, c'était impossible ; les robustes et agiles montagnards marocains y parviennent, enfonçant la ligne Gustav et ouvrant aux Alliés la route de Rome, libérée le 5 juin 1944.

En attaquant ainsi le Sud de l'Europe par l'Italie, Churchill espérait prendre Berlin avant les Russes. De son côté, l'armée rouge avance irrésistiblement. Kiev est libérée. La Wehrmacht abandonne l'Ukraine, dont Hitler ordonne la destruction systématique.

Les « indigènes » d'Afrique remportent une grande victoire pour la France : le Garigliano.

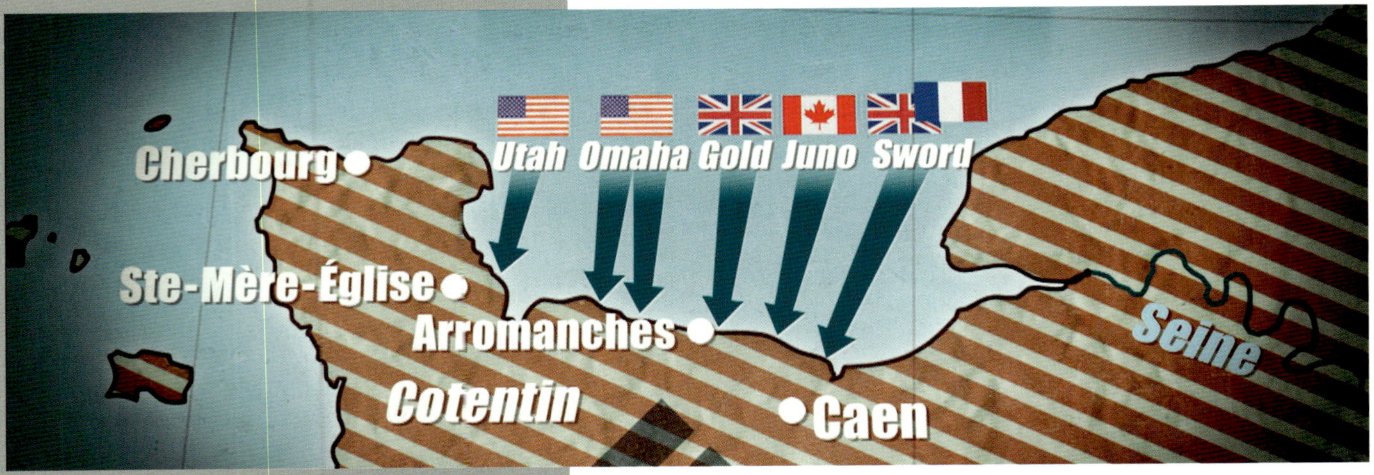

Les plages du Débarquement.

Le Débarquement

Au même moment, dans le Sud de l'Angleterre, la machine de guerre alliée pour le débarquement en Normandie se met en marche. Dès le soir du 5 juin, les parachutistes américains embarquent. Le commandant en chef des armées alliées, le général Eisenhower, vient leur dire : « Vous partez pour la croisade. » L'objectif est de débarquer sur cinq plages normandes, étalées sur cent kilomètres, entre la Seine et le Cotentin, là où les défenses allemandes du mur de l'Atlantique sont les moins denses. De très violents bombardements tactiques alliés frappent non seulement la Normandie, mais toute la France au nord de la Loire ainsi que la Belgique, pour que les Allemands ne localisent pas la zone

Les peintures de guerre à l'indienne, qui donnent du courage.

Le général américain Dwight Eisenhower, surnommé affectueusement par ses hommes : « Ike ».

Dans leurs bunkers, les Allemands observent avec stupéfaction la flotte d'invasion.

du débarquement. Tout ce qui permet l'acheminement de renforts allemands est matraqué : les voies ferrées, les gares de triage, les routes, les ponts.

Les planeurs chargés de paras britanniques et les Dakotas américains se glissent vers l'intérieur des terres normandes. Les paras sont les premiers à poser le pied sur la France occupée. Leur mission : sécuriser les extrémités de la zone de débarquement. La flotte alliée approche. C'est la plus grande armada de tous les temps ; elle comprend près de six mille navires. Elle n'est pourtant pas repérée par les Allemands, que la tempête empêche d'effectuer des raids de reconnaissance. Les bombardements et les tirs des cuirassés qui pilonnent la côte ont complètement manqué leur cible sur la plage qui porte le nom de code Omaha (Saint-Laurent-sur-Mer). Les bunkers allemands sont intacts. Le caporal Franz Gockel est stupéfié par le spectacle des milliers de bateaux. Il crie : « Invasion ! » L'alerte est donnée, mais la chaîne de commandement, jusqu'à Hitler, est sceptique, persuadée que la véritable « invasion » doit se produire plus au nord, dans un port du Pas-de-Calais, plus proche de l'Angleterre.

6 juin 1944 : le jour J

À 6 h 30, la première vague d'assaut américaine va se heurter aux défenses allemandes intactes d'Omaha Beach. À bord d'une péniche de débarquement, un grand écrivain américain, Ernest Hemingway, correspondant de guerre, écrit : « Dans la pâleur grise de l'aube, nous avançons vers la terre. L'embarcation de fer ressemble à un cercueil. Des paquets d'eau verte retombent sur les têtes casquées des hommes serrés épaule contre épaule dans l'inconfortable, l'insupportcble, la dure solitude des soldats allant au combat. »

Plus de mille soldats américains perdent la vie. La marée monte, les soldats sont pris au piège entre la mer et les tirs venus des blockhaus allemands. Eisenhower avait préparé un communiqué en cas d'échec. Il avait écrit de sa main : « J'avais choisi d'attaquer à cet endroit. Je suis le seul qu'il faut blâmer. » Mais un petit groupe héroïque réussit à grimper sous le feu ennemi et neutralise les canons allemands avec l'aide des chasseurs-bombardiers Typhoons de la Royal Air Force.

Pendant ce temps, les troupes anglaises ont débarqué sur la plage codée Gold (Arromanches). Le matelot Alfred Turnball, dix-neuf ans, est pilote de péniche : « Par quel miracle sommes-nous encore en vie ? Nous avons passé trois barrages de mines et la péniche à notre droite vient de sauter. Nos soldats débarquent. Curieusement, il n'y a pas un tir. Même les villas sur la digue paraissent intactes. C'est irréel. » La résistance est en effet quasi nulle ; quelques tirs qui n'impressionnent pas les Canadiens de la plage d'à côté.

La marée monte...

Un petit groupe héroïque.

Les Canadiens.

Commandos français à Ouistreham

Les quelques défenseurs allemands rescapés des bombardements se rendent. Les commandos français débarquent à leur tour sur la cinquième plage, codée Sword (Ouistreham). La plupart étaient passés clandestinement de Bretagne en Angleterre. Ce retour en France est un moment particulièrement émouvant. L'un d'entre eux, Gwenn-Aël Bolloré, dix-huit ans, raconte : « Les premiers chars sont arrivés, j'ai couru derrière, et tout d'un coup il y a des civils qui sont sortis et qui nous ont fait des signes. Ils nous prenaient pour des Anglais, puisque nous avions l'uniforme anglais. On a eu juste le temps de leur dire quelque chose en français, ça les a sidérés, et puis on est passés. »

Les Normands bouleversés.

« La supériorité aérienne des Alliés est écrasante »

Les commandos sont durement éprouvés dans les combats pour s'emparer du casino de Riva-Bella, transformé en poste de commandement par l'ennemi. Les Alliés ont en face d'eux des parachutistes allemands, des durs de durs, surnommés les Diables Verts. Mais le maréchal Rommel, qui commande les forces allemandes de Normandie, est pessimiste. Hitler lui a donné l'ordre de rejeter les Alliés à la mer, comme à Dunkerque quatre ans plus tôt. Il lui a dit : « Le destin du Reich dépend de l'issue de cette bataille. » Rommel répond maintenant à Hitler : « Le combat acharné de nos troupes ralentit la progression ennemie, mais sa maîtrise de l'air est telle que nos mouvements sont impossibles dans la journée. La supériorité aérienne des Alliés est écrasante. » Rommel lui-même sera mitraillé dans sa voiture, grièvement blessé, et évacué en Allemagne.

Para allemand.

Un port amovible

L'objectif des Alliés : débarquer trois cent mille hommes. Ils déversent, chaque jour, trente mille soldats et quarante mille tonnes de matériel. Pour tenir ce rythme, il faut un grand port. Les Alliés n'ont pas voulu s'attaquer à ceux de la Manche, trop défendus ; ils ont préféré les plages de Normandie. Ils ont donc emmené leur port avec eux : un gigantesque mécano de deux cents caissons de béton hauts comme un immeuble de cinq étages, pesant chacun six mille tonnes, assemblés pour former des digues et des jetées permettant de décharger les cargos appelés Liberty Ships, les « bateaux de la liberté ». Les chantiers américains en produisent maintenant un par jour !

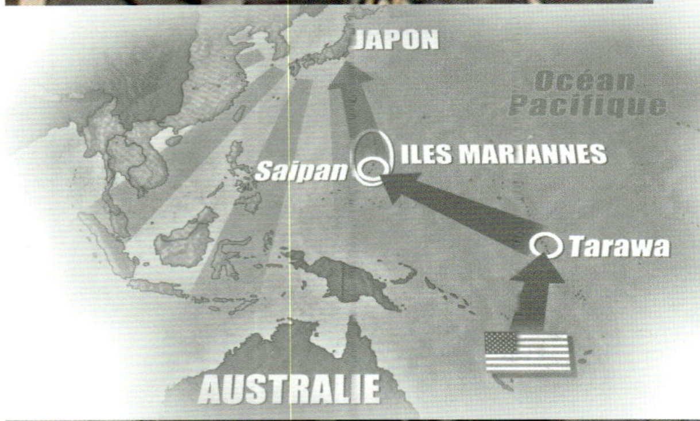

Dans le Pacifique : la bataille de Saipan

En moins de trois ans, l'Amérique est devenue une superpuissance telle que quelques jours seulement après le débarquement en Europe elle est capable de rassembler, à l'autre bout du monde, dans le Pacifique, une deuxième flotte aussi importante que celle de Normandie, pour attaquer les îles Mariannes, bastion japonais. Après la prise de l'île de Tarawa, l'année précédente, l'objectif est maintenant de faire de l'île de Saipan une base de départ pour bombarder le Japon. Quinze porte-avions et huit cents avions vont détruire l'aviation japonaise dans une bataille aérienne qui sera appelée le « tir aux pigeons des Mariannes ». Quand les marines débarquent à Saipan, cette île de dix kilomètres de large devient le théâtre de l'une des batailles les plus sanglantes de la guerre. Vingt mille Américains et trente mille Japonais sont tués ou blessés.

Lance-flammes.

En Normandie, une progression difficile

En Normandie, les Américains progressent difficilement. Les victimes civiles sont nombreuses. Le bocage normand, dédale de haies et de chemins creux, est propice aux embuscades allemandes. Les Britanniques sont bloqués

dans la plaine de Caen. Le *lance corporal* Edward Hargreaves écrit à sa femme : « Plus je vois les Français, plus je les apprécie. Ils continuent à cultiver la terre et ne se plaignent pas. J'ai bu hier un apéritif à base de noyaux de cerises qui s'appelle du kirsch et qui a un petit goût d'amande, puis un vin rouge et un vin blanc pour accompagner un lapin avec des pommes de terre nouvelles et un porto délicieux, et enfin quelques merveilleuses liqueurs. »

Les paysans normands continuent les travaux des champs près d'une batterie d'artillerie alliée.

Les Alliés dans le dédale du bocage normand.

Les SS montent vers le front.

Massacres de maquisards et de civils

Les renforts allemands qui remontent du Sud de la France sont ralentis par les Forces françaises de l'intérieur (FFI) et les Francs-tireurs et partisans (FTP), un mouvement de résistance armée créé en 1941 par le parti communiste. En représailles, les SS pendent, fusillent, massacrent les maquisards et les civils, comme à Tulle, à Marsoulas, à Saint-Lys, et surtout à Oradour-sur-Glane, où ils abattent tous les hommes du village, enferment les femmes et les enfants dans l'église et y mettent le feu, faisant six cent quarante-quatre victimes.

Oradour-sur-Glane, 10 juin 1944.

Le chef de la Résistance, c'est le général de Gaulle, qui revient en France après quatre ans d'exil. Il se rend à Bayeux, la première ville française libérée, pour imposer l'autorité de son gouvernement provisoire, contestée par Roosevelt, qui préférerait des élections. Mais de Gaulle est accueilli triomphalement par la population, et il déclare : « La seule France légitime est celle qui, avec moi, a refusé la défaite. » Roosevelt finira par accepter de reconnaître le gouvernement de De Gaulle.

Quatre ans après l'appel du 18 juin 1940, le général de Gaulle retrouve avec émotion le sol français.

Un mois et demi après le jour J, les combats sont toujours acharnés. Les Alliés progressent, mais Eisenhower est inquiet. Il écrit : « Pour un mètre gagné, nous avons perdu un homme. Cette foutue guerre peut bien durer dix ans… » Hitler veut absolument contenir les Alliés en Normandie pour protéger les rampes de lancement de ses armes de terreur, les V1, qu'il lance sur Londres, depuis le Nord de la France. Le V1 est le premier missile de croisière de l'histoire. Une bombe volante d'une tonne d'explosif, à réaction, sans pilote, un petit engin rapide, difficile à intercepter ou à abattre. Son bruit de moto caractéristique alerte les Londoniens. Quand le V1 arrive sur la grande ville, son carburant est épuisé, son moteur s'arrête. On ne sait jamais où il va tomber. Près de dix mille de ces engins vont faire vingt-cinq mille victimes. Mais là encore, les Anglais sont admirables de courage et de flegme. Faute de pouvoir casser le moral des Anglais, le V1 est destiné à remonter celui des Allemands, qui, depuis deux ans, vivent dans les abris.

Hitler lance les V1 sur Londres.

Le carpet bombing

Les bombardiers américains, le jour, et anglais, la nuit, écrasent les villes allemandes sous le *carpet bombing*, le « tapis de bombes » : deux millions de tonnes de bombes, quatre cent mille morts, huit cent mille blessés, sept millions de sans-abri. Tel est le résultat du bombardement stratégique allié, fondé sur ce principe : détruire le potentiel industriel et humain au service de l'effort de guerre allemand.

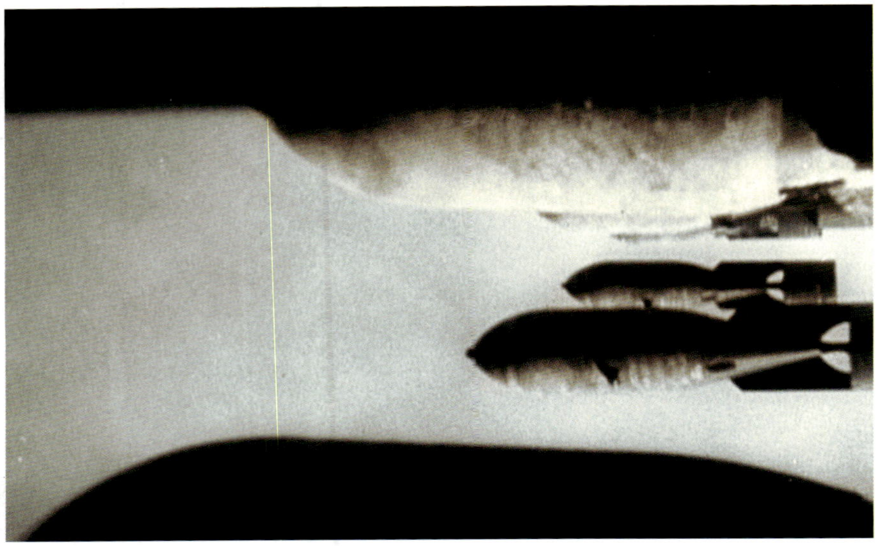

Klaus von Stauffenberg

Au quartier général d'Hitler, la Tanière du loup, les sourires forcés cachent le profond désarroi de beaucoup d'officiers, surtout ceux qui sont issus de la vieille aristocratie militaire prussienne. En effet, depuis un an, certains se sont joints à un complot pour se débarrasser du Führer. L'un d'entre eux, le colonel Klaus von Stauffenberg, dépose, le 20 juillet 1944, une bombe sous le bureau d'Hitler pendant une conférence à la Tanière du loup. La lourde table sauve Hitler en déviant le souffle de l'explosion, qui tue deux généraux et blesse une vingtaine de personnes. Après avoir échappé à cinq attentats, Hitler est de nouveau convaincu qu'il est protégé par la Providence. Et, le soir même, il accueille Mussolini, qui dirige toujours son régime fasciste dans le Nord de l'Italie, mais qui est à la recherche d'une solution de compromis pour arrêter la guerre. Hitler le réconforte en lui parlant de ses armes secrètes, et de l'attentat : « C'est un signe du destin, qui fait entrevoir une victoire prochaine de notre cause. » Il n'a qu'une légère contusion au bras, mais le choc est profond et aggrave son état mental, sa cruauté, sa paranoïa. Il se déchaîne. Il fait juger les principaux comploteurs, assassiner sept mille suspects et déporter leurs familles. Rommel, qui avait accepté de remplacer Hitler à la tête de l'armée, est acculé au suicide. Le Führer lui fera d'hypocrites obsèques nationales. Les SS prennent le pouvoir. Plus rien ne peut sauver le pays.

L'offensive russe de 1944

En deux mois de l'été 1944, les Russes avancent de six cents kilomètres, détruisant trois armées allemandes. La Wehrmacht reflue vers la Prusse orientale, en laissant deux cent mille morts et deux cent mille prisonniers, dont la moitié va défiler dans Moscou, le 27 juillet 1944. Les Russes leur ont d'abord donné à manger une soupe aux choux bien grasse, aux propriétés puissamment laxatives. Parmi ces prisonniers, beaucoup de « malgré-nous », des Alsaciens-Lorrains enrôlés de force, tel Armand, vingt ans, qui raconte : « Nous étions torturés par la diarrhée, nous nous vidions dans de violentes coliques au milieu des cris et des coups de la foule et derrière, les camions pompes de la ville passaient leur jet d'eau pour nettoyer la merde qui jonchait les rues. »

Le défilé des prisonniers allemands dans Moscou.

Les soldats africains de l'armée française débarquent à Saint-Tropez.

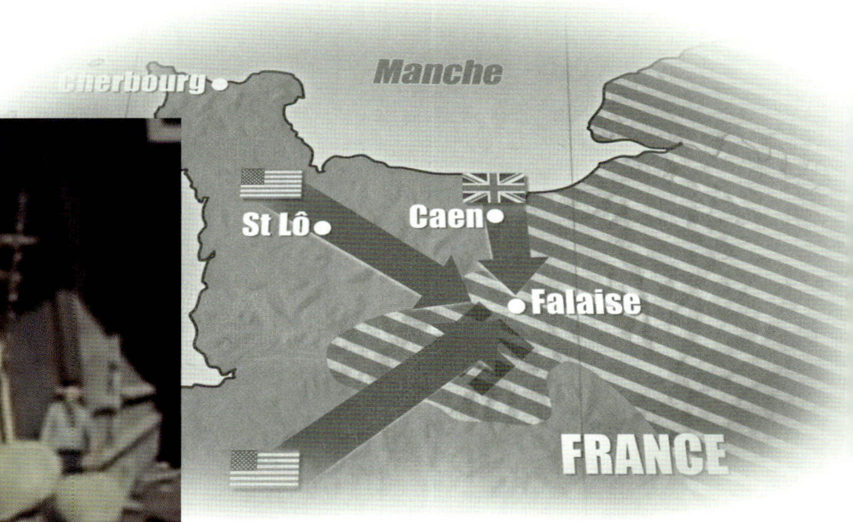

Août 1944 : Paris se soulève

À l'Ouest, les Alliés prennent le dessus. Le 8 août 1944, deux cent cinquante mille soldats allemands sont encerclés en Normandie dans la Poche de falaise, puis faits prisonniers, et, le 15 août, un autre débarquement a lieu, en Provence, auquel l'armée française reconstituée prend une grande part avec deux cent cinquante mille Africains, Marocains, Algériens, Tunisiens, pieds-noirs et jeunes Français évadés de France occupée. Ils libèrent Marseille, avec les FFI. Le 19 août 1944, Paris se soulève et se couvre de barricades. Une grande partie de l'armée allemande s'est retirée vers l'Est, mais restent quand même vingt mille hommes, sous le commandement du général von Choltitz, qui a reçu l'ordre d'Hitler de détruire la ville. De violents combats s'engagent. Au quatrième jour de l'insurrection, une unité française, la fameuse 2e DB, la deuxième division blindée du général Leclerc, arrive de Normandie pour achever la libération de la capitale.

« Paris brûle-t-il ? »

Les Allemands capitulent et le général von Choltitz est emmené au poste de commandement de Leclerc, gare Montparnasse. Choltitz

venait de recevoir un appel d'Hitler en personne, qui posait la question restée célèbre : « *Brennt Paris ?* » (Paris brûle-t-il ?) Choltitz a préféré la reddition. Officier de parachutistes, il désobéissait pour la première fois, et évitait d'être poursuivi comme criminel de guerre.
De Gaulle revient alors à Paris… Un moment si émouvant, qu'il traduit en quelques mots historiques : « Paris outragé ! Paris brisé ! Paris martyrisé ! mais Paris, libéré ! Libéré par lui-même, libéré par son peuple, avec le concours des armées de la France, avec l'appui et le concours de la France tout entière, c'est-à-dire de la France qui se bat, c'est-à-dire de la seule France, la France éternelle. »

Pendant que la libération de la France et de la Belgique progresse, que l'armée rouge attend devant Varsovie en laissant les Allemands massacrer les résistants polonais, le général MacArthur, de l'autre côté de la planète, tient sa promesse. Quand il s'était échappé du piège japonais, trois ans plus tôt, il avait dit : « Je reviendrai. » Le 20 octobre 1944, il débarque aux Philippines. Mais il faudra quatre mois pour achever la libération de ce pays. La capitale, Manille, sera la ville la plus détruite, après Varsovie.

Le général de Gaulle dans Paris libéré.

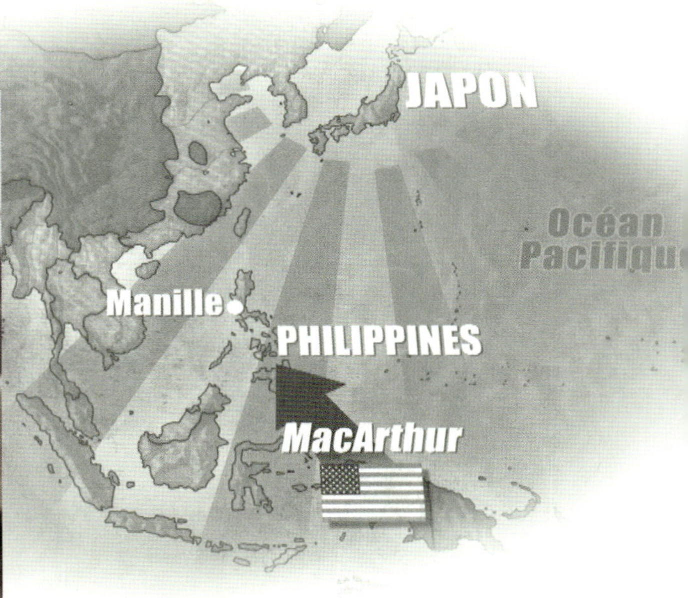

MacArthur tient sa promesse. Il avait dit : « Je reviendrai » quand il avait été vaincu et qu'il s'était échappé des Philippines en 1942.

Combats de Manille, 1945.

Des combats féroces.

Le racisme : fondement de la Deuxième Guerre mondiale

Ce qui explique désormais la brutalité, la cruauté des combats, c'est la découverte, par les soldats américains, des massacres d'otages et des camps de survivants – ces prisonniers américains détenus depuis 1941. Toute la guerre du Pacifique prend cet aspect de férocité. La haine des Jaunes contre la haine des Blancs. C'est cela, le fondement de la Deuxième Guerre mondiale : encore plus que l'impérialisme, c'est le racisme. Le racisme, d'où Auschwitz, l'usine à tuer, libérée par l'offensive russe de janvier 1945.

Exécution d'otages philippins à Manille par les Japonais.

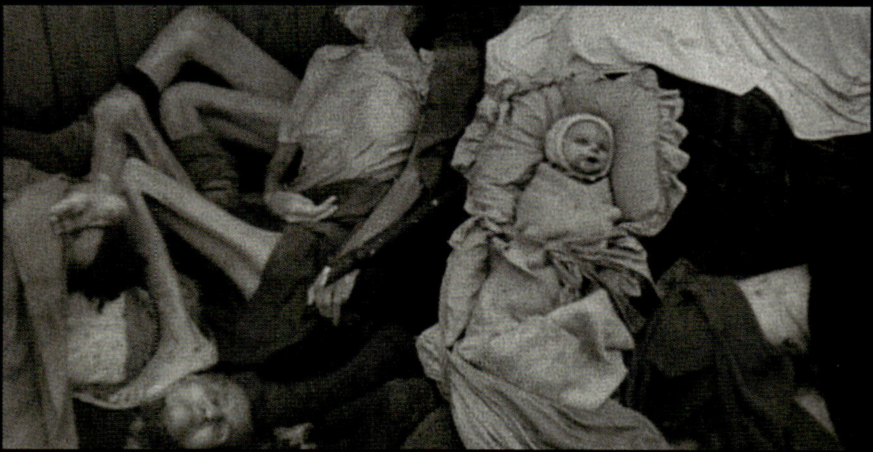

Auschwitz.

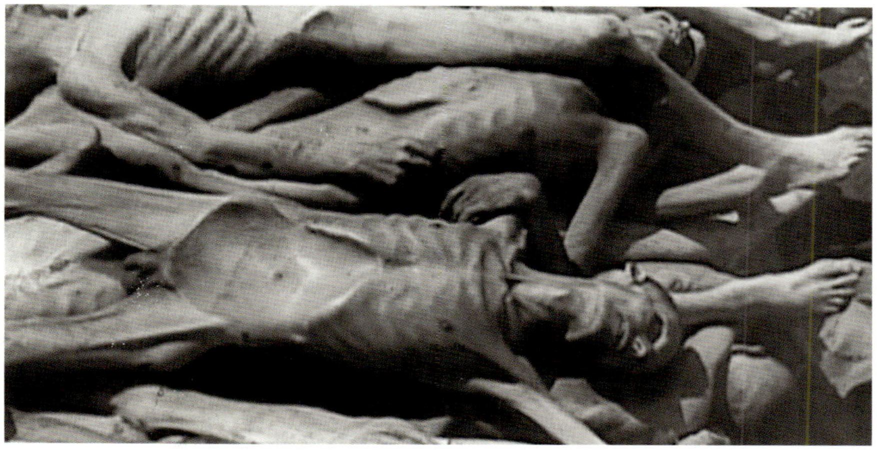

Les camps de la mort

L'extermination des juifs était la « mission » que s'était donnée Hitler, comme il l'avait écrit dans *Mein Kampf*. Il en a fait assassiner un million dans les chambres à gaz d'Auschwitz. Six millions sont morts, de faim, sous les coups, tués par balles, puis brûlés dans les fours crématoires, à Majdanek, à Sobibor, à Treblinka. Les Russes découvrent quelques centaines de survivants, tatoués à vie. Ils interceptent aussi des trains de déportés ; les nazis continuent en effet de donner la priorité à ces trains de la mort, même sur les convois de munitions. Ils roulent encore vers la centaine de camps, toujours en activité, en ce début de 1945. Vingt millions de résistants, d'opposants, de chrétiens, d'homosexuels, de tsiganes ont été déportés dans ces camps et cinq millions sont déjà morts, de faim, d'épuisement, sous les coups, comme les esclaves du tunnel de Dora.

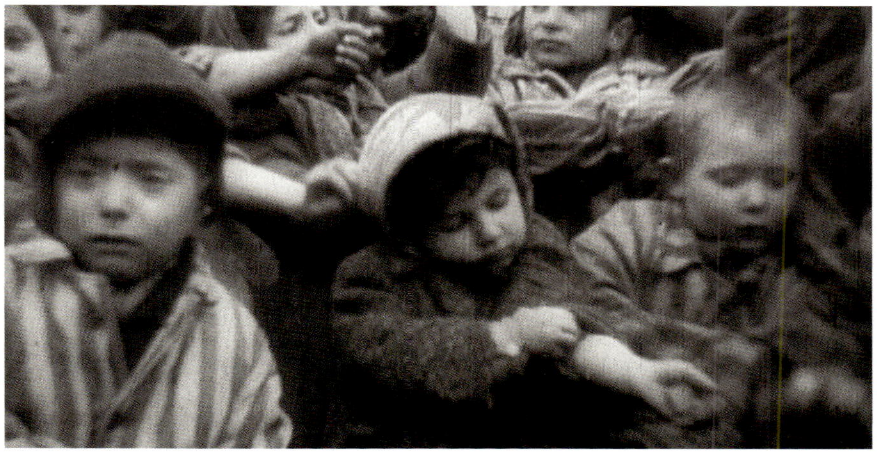

Les cadavres des déportés amoncelés devant l'entrée du tunnel de Dora.

Le V2

Le camp est d'abord une usine souterraine, près de Buchenwald, où les nazis assemblent une arme secrète, le V2, la première fusée balistique qui porte sept cents kilos d'explosif à trois cents kilomètres. Depuis les côtes allemandes, mille cinq cents de ces fusées sont tirées sur Londres et deux mille sur la Belgique, accroissant les ruines et les victimes civiles. Et l'angoisse des Alliés, c'est que le V2 puisse un jour transporter une charge atomique. Mais en Allemagne, y a-t-il encore des usines intactes pour produire une telle arme ? Même le carburant de synthèse commence à manquer.

L'élaboration de la première bombe atomique

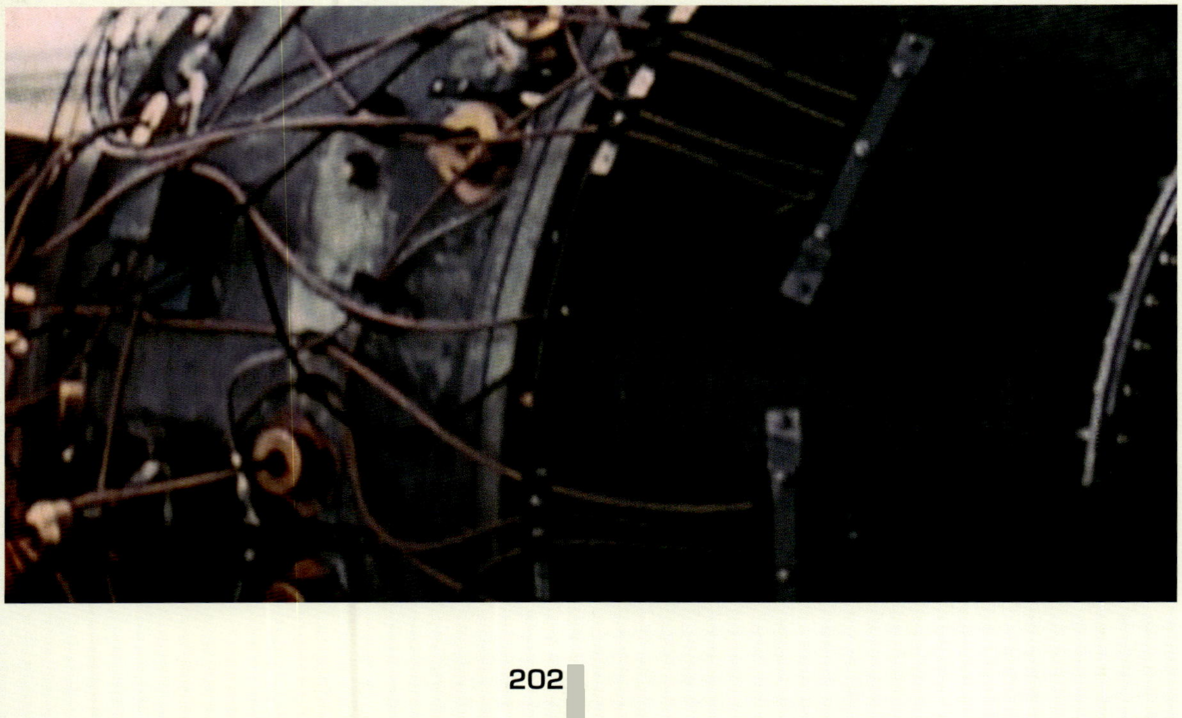

Le grand Einstein lui-même avait alerté Roosevelt sur l'urgence de devancer le danger allemand. Un énorme budget a permis à toute une équipe de savants de travailler, dans le plus grand secret, à la première bombe atomique. Ils en attendent une puissance égale à vingt mille tonnes de bombes conventionnelles, avec, en prime, des retombées radioactives mortelles. L'objectif désigné : Berlin. Mais cette première bombe atomique ne sera pas prête pour l'Allemagne.

Dresde

Les bombardiers alliés continuent de dévaster les villes allemandes vingt-quatre heures sur vingt-quatre. Ils vont détruire Dresde, important nœud de communication pour les troupes allemandes vers le front de l'Est et cinquième ville industrielle du Reich, jusqu'ici épargnée. Elle était la « Florence du Nord », l'un des trésors historiques de l'Europe. Le 13 février 1945, les bombes au phosphore provoquent un « typhon de feu » qui carbonise quarante mille personnes. La ville brûle pendant sept jours. Churchill avait dit : « Nous ferons avaler aux Allemands une dose plus amère des malheurs qu'ils ont répandus sur l'humanité. » Leurs villes meurent, mais Goebbels et les nazis veulent maintenant faire mourir tous les Allemands, mobilisés de seize à soixante ans, dans la *Volkssturm*, «la force du peuple».

Hitler dit: «Il ne faut aucun fléchissement de l'Allemagne.» Ses généraux, les survivants de la grande purge après l'attentat du 20 juillet, n'osent plus le contredire. Ils ont obéi à l'ordre, qui paraissait absurde, d'attaquer à l'ouest, dans les Ardennes, pendant l'hiver. Ils auraient préféré tout consacrer à la lutte contre les Russes, qui ont franchi la frontière allemande. Des millions d'Allemands fuient éperdument, surtout les Allemandes, qui redoutent les viols, innombrables.

Un vieillard de la *Volkssturm*.

L'exode des Allemands des provinces de l'Est.

Churchill, Roosevelt, Staline.

La conférence de Yalta

Le 4 février 1945, Churchill, Roosevelt et Staline se rencontrent à Yalta, en Crimée, pour une conférence très importante. Roosevelt, inquiet des pertes grandissantes dans le Pacifique, a voulu rencontrer Staline, pour lui demander d'entrer en guerre rapidement contre le Japon. Staline a exigé que Roosevelt fasse le très long voyage jusqu'en Crimée, ce qui aggrave beaucoup l'état de santé du président américain, qui va mourir quelques semaines plus tard. Il ne pense qu'au Japon et n'a pas non plus la force de s'opposer à Staline, qui libère mais aussi occupe les pays Baltes, la Roumanie, la Bulgarie, la Hongrie, la Pologne, la Silésie et la Prusse. Pas question de le déloger. Seul Churchill cherche à négocier. Il obtient péniblement une promesse, jamais tenue, d'élections libres en Pologne et un abandon par Staline de la Grèce, ce qui se traduira par la guerre civile. Les partisans grecs communistes se soulèveront, Staline les laissera se faire massacrer. La grande affaire, c'est la fondation de l'Organisation des Nations unies, l'ONU, qui se réunira bientôt à San Francisco. L'ONU doit régler pacifiquement tous les conflits et protéger les droits de l'homme. C'est le véritable début de la guerre froide.

Un marine américain tué à Iwo Jima.

Dans le Pacifique, la guerre continue

Le 23 février 1945, les marines plantent leur drapeau sur le mont Suribachi, le volcan qui domine l'île d'Iwo Jima. La bataille a coûté la vie à sept mille Américains et vingt mille Japonais. Le lieutenant John Rich raconte : « On s'est tous dit : si c'est comme ça ici, qu'est-ce que ça va être quand on va débarquer au Japon ! Pour nous, les marines, il était clair que nous allions tous y mourir. » Les bombardiers géants Boeing B 29 *Superfortress* peuvent maintenant atteindre le Japon au départ d'Iwo Jima et d'autres îles du Pacifique.

Le plus grand incendie de la guerre.

Tokyo, 9 mars 1945

C'est le grand bombardement de Tokyo. La science vient d'inventer le Napalm, une essence gélifiée incendiaire, mieux que le phosphore de Dresde. Mille sept cents tonnes larguées sur les petites maisons en bois et papier. Les Japonais sont victimes de leurs militaires fous, qui les ont jetés dans cet enfer et qui veulent continuer la guerre, malgré les quatre-vingt mille morts et les cinq millions de sans-abri consécutifs à ce raid sur Tokyo.

Dans les ruines de Tokyo.

Les enfants soldats d'Hitler

Berlin, 17 avril 1945. Les lance-fusées russes achèvent d'écraser la ville. Pendant deux semaines, à Berlin, c'est l'enfer, jour et nuit. Seuls résistent jusqu'au bout quelques fanatiques, comme les quatre cents SS français de la division Charlemagne ou les *Hitlerjugend*. Ces enfants soldats n'ont pas peur. Leur cerveau a été lavé par des années d'endoctrinement dans le racisme et la haine.

25 avril 1945, l'Est rencontre l'Ouest !

Les Américains font leur jonction avec les Russes sur l'Elbe, au pont de Torgau. Le dernier acte de l'alliance, bon enfant, pour les caméras. Le portrait de Staline trône, mais celui de Roosevelt est marqué de crêpe noir. Il est mort le 12 avril. L'une de ses dernières décisions a été de stopper l'avance américaine, à la limite de la future zone d'occupation soviétique en Allemagne. L'un des plus célèbres généraux américains, George Patton, est furieux. Pour lui, les Américains auraient dû arriver à Berlin avant les Russes.

Patton… l'homme aux colts à la ceinture, qui avait foncé, avec ses chars, en Afrique, en Normandie, dans les Ardennes. Il dit à Eisenhower : « La 9e armée est à cent kilomètres de Berlin, ne pas y aller est une faute historique, dont les conséquences seront graves. » Eisenhower ne dit rien. La seule chose importante pour lui, c'est d'achever Hitler et le nazisme.

Le portrait de Roosevelt entouré de crêpe noir à côté de celui de Staline, triomphant.

Le général Patton.

Et ses colts à la ceinture.

Patton et Eisenhower à Buchenwald.

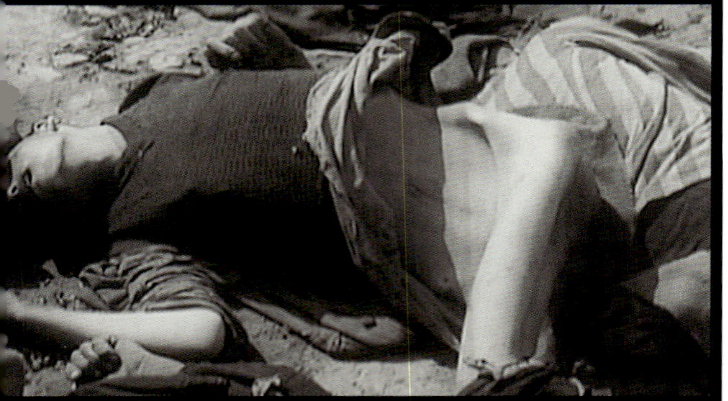

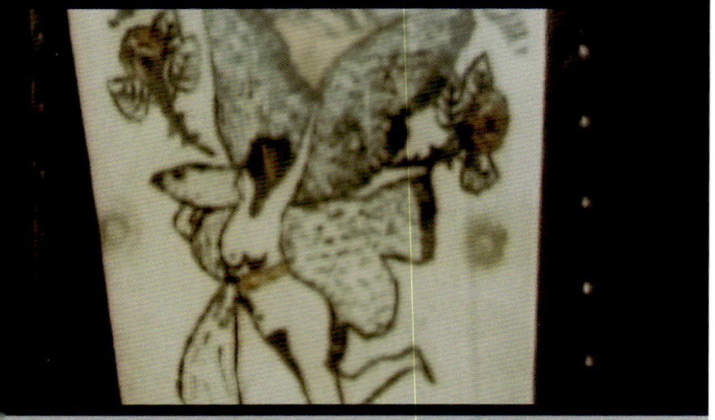
La collection de tatouages.

Ils ne pourront plus dire qu'ils ne savaient pas

Quelques jours auparavant, Patton l'a appelé d'urgence, pour lui mettre devant les yeux le spectacle abominable du camp de concentration de Buchenwald. Eisenhower a fait transporter aussitôt en camions les habitants de la ville de Weimar, toute proche, pour qu'ils ne puissent plus dire qu'ils ne savaient pas ; qu'ils ne puissent plus nier l'existence du crime nazi ; qu'ils puissent en témoigner, en Allemagne ; qu'ils puissent dire qu'ils ont vu les collections de tatouages prélevés sur les cadavres des déportés, les abat-jour en peau humaine... Ensuite, conformément aux accords de Yalta, Eisenhower retire ses troupes de Buchenwald, inclus dans la zone soviétique. Staline fait aussitôt remettre en service le camp, qui fera désormais partie de l'« archipel du goulag ». Il y fait enfermer les suspects d'hostilité au régime stalinien.

Magda et Joseph Goebbels. Les SS ont essayé de brûler leur corps.

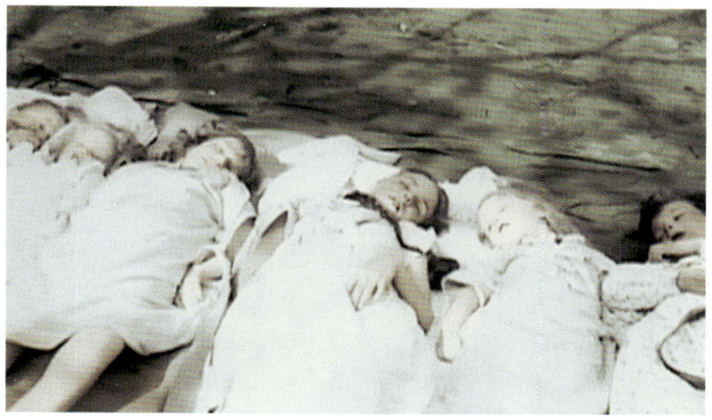

Les enfants Goebbels, assassinés par leur mère.

Berlin, 30 avril 1945 : Hitler se suicide

Les Russes sont à trois cents mètres du *Führerbunker*. Alors Hitler tue sa chienne, Blondi. Eva Braun, qu'il vient d'épouser, avale une pilule de cyanure. Hitler se tire une balle dans la tête. Goebbels et sa femme aussi se suicident. Les SS tentent de brûler les corps. Magda Goebbels avait auparavant empoisonné ses six enfants.

La vengeance contre les collabos

Le 2 mai, les Soviétiques plantent le drapeau rouge sur le Reichstag. Pour vaincre l'Allemagne hitlérienne, le sacrifice russe a été immense : vingt millions de civils et huit millions de soldats sont morts – près de quinze pour cent de la population de l'Union soviétique. Les principaux chefs nazis seront capturés et jugés. En Italie, Mussolini a été exécuté par les partisans et son cadavre livré à la vindicte de la foule. Partout en Europe, la vengeance se déchaîne contre tous ceux qui ont, d'une manière ou d'une autre, collaboré avec les maudits.

Italie, 1945.

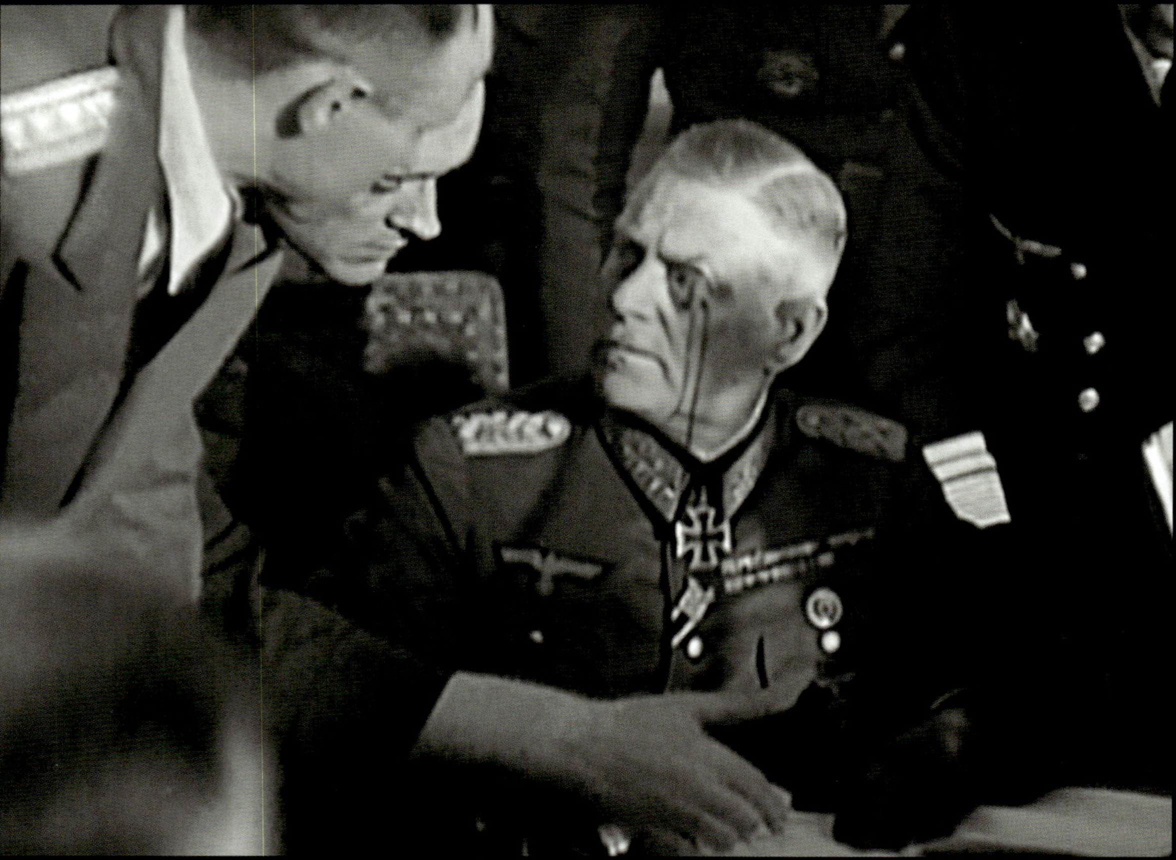

Le maréchal Keitel signe la capitulation.

Le 8 mai 1945, le dernier chef de la Wehrmacht, le maréchal Keitel, signe la capitulation sans conditions de l'Allemagne nazie. Plus tard, Keitel sera jugé au procès international de Nuremberg. Il sera pendu, comme beaucoup de criminels de guerre. Le grand écrivain allemand Klaus Mann s'adresse alors à ses compatriotes : « La défaite ne constitue pas une honte, au contraire. La honte, l'avilissement, la décomposition, l'appauvrissement de la vie allemande, c'était le national-socialisme. »

Pour arrêter le nazisme, il a fallu anéantir l'Allemagne. Faut-il aussi anéantir le Japon ? Dans le Pacifique, à Okinawa, les avions-suicides japonais, les kamikazes, fondent sur la flotte américaine. Le Japon ne peut accepter l'idée même de la capitulation, déshonneur suprême. Les militaires de Tokyo, crispés sur leur pouvoir, sacrifient ce qui reste de leur jeunesse et de leur aviation pour empêcher un débarquement américain. Les États-Unis choisissent alors d'éviter ce débarquement, estimant qu'il ferait un million de morts. Ils déclenchent l'enfer atomique.

Un kamikaze en action, photos exceptionnelles : Le kamikaze parvient à forcer le barrage de la DCA des navires américains.

Le voici une fraction de seconde avant l'impact.

Le navire américain est touché à mort.

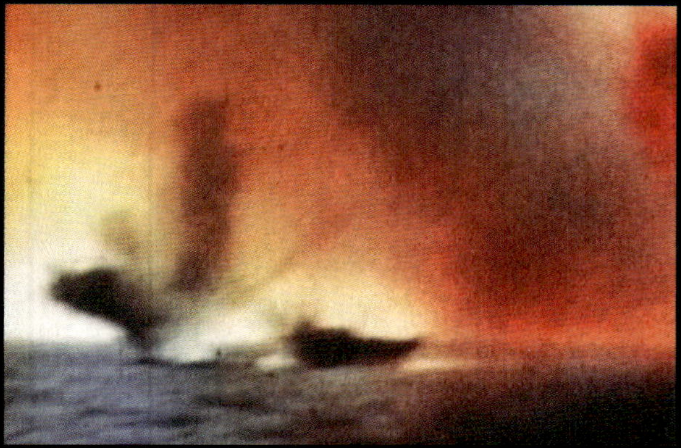

L'enfer atomique

Le 6 août 1945 à Hiroshima et le 9 août à Nagasaki, les deux premières bombes nucléaires de l'histoire font, en une seconde, plus de cent mille victimes et permettent enfin à l'empereur Hirohito de demander la paix, sans perdre la face. Il aura fallu la bombe atomique pour que les soldats et les officiers japonais acceptent de faire ce geste si contraire au *Bushido*, le code de l'honneur : rendre leur sabre. Mais des milliers s'y refuseront et s'enfuiront dans la jungle. Le dernier sera fait prisonnier en 1975.

Un officier japonais remet son sabre à un Américain...

La fin de la guerre

Le 2 septembre 1945, dans la baie de Tokyo, à bord du cuirassé américain *Missouri*, l'émotion étreint les représentants des nations alliées. Ils ont le privilège d'assister à la reddition japonaise, qui marque la fin de la Seconde Guerre mondiale. C'est le général MacArthur qui représente les vainqueurs. Le ministre japonais des Affaires étrangères, Mamoru Shigemitsu, signe au nom de l'empereur. Il l'a rencontré la veille et lui a dit : « Il faut que nous fassions de ce jour de deuil le premier jour de naissance d'un nouveau Japon. Ainsi, nous pourrions aller à cette cérémonie la tête haute. » MacArthur conclut avec ces mots historiques : « Mon plus grand espoir, ainsi que celui de toute l'humanité, est que de cette cérémonie solennelle naisse un monde meilleur, après tout ce sang et ce carnage. »

Le cuirassé *Missouri*.

Les vainqueurs.

Les vaincus.

Douglas MacArthur.

Aux victimes de tous les totalitarismes

Cette guerre, ce déchaînement de la violence à l'état pur, a fait cinquante millions de morts, deux fois plus de victimes civiles que militaires. Des milliers de malheureux ont souffert, longtemps après, des conséquences des radiations nucléaires ou du deuil impossible à faire d'un proche mort dans les camps nazis. La série *Apocalypse*, de laquelle est tiré ce livre, est dédiée aux victimes de tous les totalitarismes. Nos remerciements vont, c'est la moindre des choses, aux cameramen, héros sans armes, qui nous ont donné toutes ces images. Et aussi à ceux que l'on appelle les « amateurs », comme M. Gowland, de Croydon, près de Londres, qui nous a permis de connaître sa fille Rose. Elle a si bien personnifié le merveilleux peuple britannique. En un temps où la France avait été vaincue et occupée en quelques semaines, un temps où Staline était l'allié d'Hitler et les Américains encore farouchement opposés à la guerre, ce sont eux, les Anglais, qui nous ont sauvés, avec, à leur tête, Winston Churchill. Ce livre lui est dédié.

Remerciements

Il me faudrait vraiment remercier beaucoup de monde. À commencer par le producteur de la série, **Louis Vaudeville**, qui associe la rigueur, l'intelligence et l'audace à une extrême générosité. C'est grâce à ses qualités de cœur et son dévouement que nous avons pu mener à bien cette énorme entreprise. Nous savons ce que nous devons à la volonté de **Patrice Duhamel**, directeur général de France Télévisions, et à l'amitié de son président, **Patrick de Carolis**. Nous savons ce que nous devons à **Patricia Boutinard Rouelle,** qui dirige les documentaires, à **Dana Hastier** et **Clémence Coppey** qui nous ont entourés de leurs précieux conseils, comme **Fabrice Puchault**, qui a beaucoup fait pour que cette série puisse acquérir cette proximité aux victimes. Nous savons ce que nous devons à l'autorité de **Christian Vion**, directeur général adjoint de France 2, à tous ceux qui ont été, véritablement, une famille pour nous pendant ces presque trois ans de travail. Je voudrais remercier tout particulièrement **Florence Sarrazin**, qui a eu beaucoup de courage et d'énergie pour tenir la production de la série, avec l'aide de **Maud Vaudeville** et de toute l'administration de France 2, Anh Roquet, **Clothilde Beslon** et la meilleure des attachées de presse, **Audrey Dauman**. **Antoine Dauer** a été plus qu'un assistant-réalisateur ; de mère française et de père allemand, il a été élevé de l'autre côté du Rhin et nous a donné de précieux éclairages historiques. Le général **Jean Delmas**, qui fut chef du Service historique de l'armée de terre, a exercé, tout au long de notre écriture et de notre recherche, un contrôle vigilant, et **Morgane Barrier** a dirigé les recherches des archives filmées. C'est à elle que nous devons l'incroyable pourcentage de documents inconnus. Et merci à Bill Murphy, qui a dirigé les Archives américaines et qui, de Washington, a recherché, avec **Elizabeth Hartjens**, tout ce qu'il pouvait trouver de nouveau. Nous savons tout ce que nous devons au talent et à l'amitié de **Mathieu Kassovitz**, la voix de ces films, il en est l'âme. S'il n'avait pas adhéré, il n'aurait pas fait. Mais comment faire pour remercier et citer tous ceux qui nous ont tellement aidés, avec, tous, une affection, une conscience professionnelle, qui est la marque de tous ceux qui travaillent à France Télévisions. Comment faire pour n'oublier personne ? Comment remercier celui qui a composé la musique, l'un des plus grands musiciens japonais, **Kenji Kawai**. Et nos chefs-monteuses, si talentueuses, **Dominique Brimaud**, **Sabine Simtob**, **Sonia Romero**, **Mathilde Rougeron**… merci ! Oui, merci au sorcier du son, **Gilbert Courtois**, au sorcier de la couleur, **François Montpellier** et tous nos amis de Tigre Productions, comme **Arnaud Deladupli**, avec, à leur tête, le grand **Jean-David Curtis**. Merci à ce mixeur de génie, **Philippe Vaidie**, à tous ceux de l'équipe technique de France 2, remarquable, **Jean-François Bouret**, **François Revault**, **Vincent Feron** et son équipe, Bravo encore au talent de notre cartographe, **Frédéric Lernoud**, Tous nos remerciements à **Monique von Kageneck**, à **Isabelle Gougenheim** et l'équipe de l'**ECPAD**, à **Alain Poulin**, **Patrick Brion**, **Gérard Houver**, **Kevin Accart**, **Eric Vernière**, **Olivier Stroh**. Merci à tous ceux qui ont participé à ce livre, le maquettiste **Ludovic Févin**, **Carola Strang**, **Isabelle Lerein**, **Jeanne Ollivier**, **Aurélie Streiff**. Et merci à vous, lectrices et lecteurs de ce livre, qui avez aussi vu la série, les DVD, les Blue-Ray, c'est pour vous qu'Isabelle Clarke et moi avons réussi à survivre à APOCALYPSE.

APOCALYPSE, c'est aussi…

Une diffusion dans le monde entier

La première série documentaire française à être diffusée dans plus de cent cinquante pays dont les États-Unis, le Japon, l'Allemagne… Ce succès a été possible car ce programme porte un regard à la fois mondial et humain sur cette guerre. Le temps d'une histoire trop nationale, voire nationaliste, est passé.

Un coffret 3 DVD et un double Blu-Ray

Le choc d'images mises en couleur et remasterisées, l'émotion d'un son haute technologie: jamais l'Histoire ne vous a semblé aussi palpable. Les six épisodes de la série + 1 h 45 de bonus, dont des documents exceptionnels de l'ECPAD et un making of inédit de 52 minutes!

L'événement: APOCALYPSE est le premier documentaire historique disponible en Blu-Ray ! Pour profiter pleinement du spectacle, retrouvez la série en Blu-Ray, et bénéficiez de la meilleure qualité de son 5.1 et des images en HD.

Prix public conseillé (France):
24,99 euros le coffret 3 DVD
29,99 euros le double Blu-Ray

Sur le Web www.france2.fr

Le site d'APOCALYPSE sur **www.france2.fr** est un véritable guide multimédia, indispensable pour se repérer dans l'histoire de la Seconde Guerre mondiale. Une carte chronologique interactive offre une vision globale du conflit et permet de suivre son évolution dans le temps. Rappels des événements, extraits vidéo (tirés de la série), fiches explicatives, photos, documents d'archives, interviews des protagonistes (issues notamment de la série *Les Grandes Batailles*)…, tous les éléments clés sont réunis pour aider à la compréhension et au décryptage du plus effroyable conflit du XXe siècle.

Achevé d'imprimer
en France par Pollina - L51615

Crédits

Pages de garde : **Nara**. **DR :** 6, 7, 8, 10, 12, 13, 14, 15, 17, 18, 20, 21, 22, 26, 29, 31, 33, 35, 39, 40, 41, 42, 45, 47, 49, 52, 54, 55, 56, 57, 58, 60, 62, 63, 66, 67, 70, 71, 73, 74, 77, 78, 80, 82, 83, 84, 85, 86, 88, 89, 96, 97, 98, 99, 100, 101, 102, 104, 106, 107, 109, 110, 111, 112, 113, 114, 115, 116, 118, 119, 120, 123, 127, 128, 129, 130, 131, 132, 133, 134, 135, 136, 137, 140, 142, 143, 145, 147, 149, 150, 151, 152, 153, 156, 160, 162, 163, 165, 166, 167, 168, 169, 175, 177, 178, 181, 184, 185, 186, 187, 190, 191, 194, 195, 196, 197, 200, 201, 202, 203, 205, 211, 212. **Chronos :** 8, 9, 17, 32, 121, 160, 177, 178, 179, 209. **ECPAD :** 11, 16, 24, 25, 26, 27, 28, 29, 30, 33, 36, 37, 39, 41, 43, 44, 45, 46, 47, 48, 49, 50, 51, 58, 59, 78, 79, 91, 92, 119, 120, 122, 123, 147, 148, 155, 157, 160, 165, 171, 172, 173, 177, 185, 194, 210, 213. **Nara :** 19, 22, 23, 27, 29, 32, 33, 34, 38, 43, 48, 51, 54, 57, 58, 59, 60, 62, 64, 65, 70, 75, 76, 81, 82, 87, 89, 90, 93, 103, 104, 107, 108, 109, 110, 111, 113, 121, 125, 126, 128, 129, 130, 131, 140, 145, 148, 149, 154, 155, 156, 160, 161, 164, 169, 172, 173, 176, 179, 181, 182, 183, 184, 186, 188, 189, 190, 191, 192, 193, 197, 198, 199, 200, 201, 202, 203, 204, 205, 206, 207, 208, 210, 211, 212, 213. **Lobster :** 23, 126. **Agentur Karl Höffkes :** 27, 34, 35, 55, 58, 67, 68, 69, 70, 79, 86, 92, 93, 96, 138, 162, 180. **Studio Film Czolowka :** 31, 35, 65, 94, 175. **Progress Film :** 35. **Imperial War Museum :** 47, 53, 54, 63, 70, 94, 158, 159, 183, 186, 191, 193, 194, 213. **La Caméra Stylo :** 54, 68, 69, 87, 94, 98, 138, 139. **Bundesfilmarchiv :** 58, 67, 86, 170, 171, 195. **British Movietone News :** 61, 74, 114, 144, 153. **Screen Archive South East :** 70, 104, 118, 213. **Istituto Luce :** 72, 74, 139, 161, 163. **Clips and Footage :** 77, 124. **Huntley Film Archives :** 88, 94. **USHMM :** 95. **USHMM, coll. privée famille Gasul :** 174. **NHK :** 104, 111, 112, 115, 132, 134. **CCTV :** 112. **Toho Stella :** 115, 117. **Netherlands Institute for Sound and Vision :** 121. **Spiegel TV :** 122. **Deutsche Wochenschau Film Archiv:** 124. **Thought Equity Motion :** 133. **Russian State Film & Photo Archive at Krasnogorsk :** 141. **Panorama Museum :** 146, 148, 169. **Coll. privée Serge Klarsfeld :** 175. **ONF/NFB:** 187, 189, 195. **German Resistance Memorial Center :** 196. **Ina :** 209. **Reuters :** 209.

Le retour de papa.